정변의 역사

정변의 역사

초판 1쇄 발행 2022년 03월 25일

지은이 최경식 / **펴낸이** 배충현 / **펴낸곳** 갈라북스 / **출판등록** 2011년 9월 19일(제2015-000098호) / 경기도 고양시 덕양구 중앙로 542, 707호(행신동) / **전화** (031)970-9102 **팩스** (031)970-9103 / **블로그** blog.naver.galabooks / **페이스북** www.facebook.com/bookgala / **이메일** galabooks@naver.com / ISBN 979-11-86518-52-6 (03910)

책을 쓰게 된 연유는

이 책에 대한 기획은 소소한데서 출발했다. 태어날 딸에게 나중에 어떻게 하면 '의미 있는 학습'을 해줄 수 있을까를 고민했다. 그러던 중 본인이 어린 시절 부모님께 받았던 첫 학습인 '역사 교육'을 떠올렸다.

본인 역시 딸에게 역사 교육을 통해 책과 학습에 재미를 붙이고 인문학에 눈을 뜨게 만들고 싶었다. 그러면서 '직접 역사 관련 책을 써서 딸에게 교육을 시키면 더욱 좋겠다'라는 생각으로 발전하게 됐다.

이에 따라 우선 기사로 연재를 해 나갔고, 딱딱하고 재미 없어 보이는 암기과목 같은 역사가 아닌 가급적 재미있는 '이야기'로 풀어내려고 노력했다. 어느 정도 관련 내용을 써서 주변 지인들의 어린 자녀들에게 시험 삼아 읽혀보기도 했다.

반응은 괜찮았다. 이를 통해 더 열의를 갖고 내용을 정리할 수 있었고, 마침내 의도한 분량을 완성할 수 있었다.

시작은 딸을 생각해서 한 것이지만, 더 나아가 딸 아이와 같은 어린 아동 및 청소년들, 그리고 일반 성인들도 역사와 인문학에 관심을 갖게 만들고 싶었다.

역사는 결코 간과할 수 없는 중요한 분야인데, 대중에게 여전히 거리감이 느껴지는 분야로 존재하는 것이 안타까웠다. 이 책이 그런 거리감을 좁히는데 작은 도움이나마 됐으면 하는 바람이다.

왜 정변인지

주제 선정에 있어 많은 고민을 했다. 역사에는 정말 다양한 주제들이 있을 수 있기 때문이다. 나름대로 의미도 있으면서 재미까지 끌어낼 수 있는 주제가 무엇이 있을지를 고민한 끝에 '정변'이라는 주제를 선정하게 됐다.

정변은 쿠데타나 혁명 등을 통해 발생하는 정치상의 변동을 말한다. 예로부터 우리나라에는 많은 정변들이 있었고, 이로 인해 역사적인 물줄기가 크게 바뀌곤 했다.

흐름을 바꾸는 역동적인 사건들인 만큼 그 안에 거사 준비 과정에서의 숨 막히는 비밀과 음모, 권력을 향한 인간의 욕망, 정변 진행 과정에서의 무력투쟁, 성공한 자의 권력독점과 실패한 자의 전락 등 인간사의 드라마틱한 요소들이 가득 담겨있다. 다른 주제들에 비해 의미와 재미를 동시에 추구할 수 있을 것이라 생각했다.

아울러 우리나라 역사의 큰 흐름을 이해하는데 용이할 것이라 판단돼 어느 한 시대만이 아닌 삼국시대부터 현대사에 이르기까지 각 시대별로 주요 정변들을 선정, 관련 내용을 유기적으로 구성하려 했다. 그리고 정변이란 개념의 빔위를 좀 넓혀서 내용을 구성했다.

엄밀하게 말하면 정변의 개념에서 다소 벗어나 보일 수 있지만, 큰 틀_{정치상의 대변동}에서 봤을 때는 정변에 해당될 수 있다고 판단되는 사건들을 다뤘다.

또한 가급적 편향된 주관을 배제하고 객관적으로 정리하려고 노력했고, 다양한 곳에서 관련 자료들을 알아보고 발췌해 내용에 담았다. (역사를 논할 때 한자어가 많이 들어갈 수밖에 없어 한자를 적잖게 표기했다.)

추신

역사학자도 아닌 게 무슨 역사책이냐고 힐난하는 분도 있을 것 같다. 부족하지만 역사에 대한 순수한 관심과 애정, 좋은 동기를 바탕으로 쓰여진 이 책을 너그러이 이해해주시고 재미있게 봐주시면 감사하겠다.

● 차 례

3부 극적인 산승과 몰락

4부 고난과 좌절

⟨**부록_** 이 밖의 정변들⟩ •283

왕규의 난 / 환국 / 하나회 숙청

1부 :

정치상 대변동

고구려는 천자의 제국이다

: 중화 패권주의에 대항한 마지막 불꽃
  대막리지 연개소문 정변 전말

662년(보장태왕 21년), 제2차 고당 전쟁 당시 고구려의 실권자 대막리지 연개소문은 평양성 부근 사수(蛇水)에서 방효태가 이끄는 당나라 10만 군대를 전멸시켰다.

_ 민족기록화

"선아현부善阿賢布는 별 문제로 히고 당시 동방아시아 진쟁사에서 유일한 중심 인물이었으며, 조선 역사 4000년 이래 최고의 영웅이다. (중략) 봉건세습封建世襲의 호족공치제豪族共治制의 정치를 타파하여 정권을 한 곳에 집중시켰으니 이는 분립의 대국大局을 통일로 돌리는 동시에 그 반대자는 군주나 호족을 묻지 않고 한꺼번에 소탕하여 영류왕 이하 수백 명의 대관을 죽이고, 침노해온 당태종을 격파하였을 뿐 아니라 도리어 당을 진격하여 전국을 놀라 떨게 하였으니 그는 다만 혁명가의 기백氣魄을 가졌을 뿐 아니라 또한 혁명가의 재능과 지략을 갖추었다고 함이 옳겠다."_신채호『조선상고사』中

독립운동가이자 민족사학자였던 단재丹齋 신채호 선생은 오래 전에 살았던 한 '고구려인'高句麗人에 대해 이렇게 평가했다. 한국근대역사학의 중요한 저작 중 하나로 손꼽히는『조선상고사』朝鮮上古史에서였다. 이전까지 김부식의『삼국사기』및 신라 역사서 등에서 나타난 사대주의 사관과 객관성이 결여된 중국의 역사서 등에서 평가절하됐던 한 인물이 고매한 역사가의 손에서 다시 태어나는 순간이었다.

그 주인공은 바로 고구려 말기의 실권자, 대막리지大莫離支였던 '연개소문'淵蓋蘇文이다. 연개소문은 고구려의 한 유서 깊은 가문에서 출생했고, 정통 고구려인의 기개를 갖춘 인물이었다.

비록 호전적인 성격 탓에 주변 사람들이 어려워했고 역사적 평가가 엇갈리는 부분도 있지만, 대륙에 있는 제국들에 대항해 고구려가 나아가야 할 방향, 즉 '자주적自主的 기조'를 명확히 각인시킨 인물이었다.

결과적으로 연개소문의 고구려는 우리나라 역사상 감히 광의적 의미에서의 '중화 패권주의'中華 覇權主義에 대등하게 맞섰던, 아니 어쩌면 능가하는 모습을 보여줬던 유일무이唯一無二한 세력이었다. 이후 이에 버금가는 세력은 우리나라 역사에서 좀처럼 등장하지 않았고일각에서는 발해를 거론하지만, 이 역시 고구려에는 미치지 못했다는 게 중론이다, 오히려 친중 사대주의事大主義* 고착화라는 퇴행의 역사마저 나타나게 된다.

자주적인 한민족의 마지막 불꽃, '혼'魂으로 평가 받는 연개소문. 고구려는 대륙의 하수인이 아닌 '천자天子의 제국'이라고 선포하며 단행했던 연개소문 정변 및 의미 등을 되돌아봤다.

고구려의 기개, 수나라 멸망

5세기 중반 이후의 국제 정세를 보면, 중국의 남북조, 북방

---

* 주체성 없이 세력이 큰 나라나 강한 자에게 복종하고 섬기며 자신의 존립을 유지하거나 빌붙고자 하는 의식
** 나라에 혼란 따위가 없어 백성들이 편안히 지내는 시대

의 유연, 동방의 고구려가 세력 균형을 형성한 상태였다. 이에 따라 동아시아는 이전에 비해 안정적인 상황을 유지했다. 이 같은 국제 정세 하에서 고구려는 대륙의 여러 세력과 다각도로 외교 관계를 맺으며 장기간 태평성대太平聖代**를 누릴 수 있었다. 하지만 이는 6세기 말 수隋나라가 대륙의 통일제국으로 등장하면서 깨지기 시작했다.

중국을 중심으로 한 국제질서로의 개편을 추구했던 수나라는 북방의 돌궐突厥을 복속시키고 고구려를 위협했다. 즉각 고구려왕이 직접 입조入朝해 머리를 조아릴 것을 요구했다. 그러나 고구려는 결코 호락호락하지 않았다. 오히려 598년 영양태왕고구려 제26대 왕은 수나라 요서 지역에 대한 선제공격을 감행했다. 이에 격분한 수나라 문제文帝 양견은 같은 해에 약 30만 군대를 이끌고 고구려를 침공했다. 문제의 뒤를 이어 즉위한 수나라 양제煬帝 양광은 612년에 무려 113만 대군을 동원해 침공했다.

문제와 양제에 걸친 이 같은 수나라의 침공은 총 4차례 이뤄졌다. 하지만 수나라는 요충지였던 고구려의 요동성遼東城을 돌파하지 못했다. 요동성이 막히자 양제는 우문술, 우중문 등으로 하여금 별동대를 이끌고 압록강을 건너 남하해 평양성平壤城을 공격하게 했다. 그러나 이 병력은 고구려의 을지문덕 장군에 의해 살수薩水에서 거의 전멸 당했다. 이것이 그 유명한 '살수대첩'이다. 사관은 "30만에 달했던 수나라 병력 중 요동으로 살아 돌아간 사람은 수천 명에 지나지 않았다"라고 전하고 있다.

이후에도 수나라 양제는 계속해서 고구려를 공격했지만, 요동성과 신성을 함락시키지 못했고 내부의 반란도 발생해 자중지란自中之亂*마저 겪게 된다. 결국, 수나라는 고구려 복속을 포기하기에 이른다. 더 나아가 오랜 기간 고구려와의 무리한 전쟁으로 수나라는 국력이 소진돼 극심한 정치적 혼란에 빠져들었다. 급기야 618년 양제는 우문술의 아들인 우문화급에게 살해당했고, 이듬해 수나라는 멸망했다.

외교 노선 변화와 거듭된 굴욕

수나라의 멸망에 결정적인 영향을 미친 것은 결과적으로 영양태왕을 중심으로 한 고구려의 대중 강경노선이었다. 이는 동북아 강자로서의 고구려 위상을 확고히 해줬다. 이런 와중에 영양태왕이 세상을 떠났다. 영양태왕고구려 제27대 왕의 죽음은 곧 고구려 외교 노선의 급변을 야기했다.

618년, 영양태왕의 뒤를 이어 이복동생인 영류태왕이 즉위했다. 그는 수나라와의 전쟁으로 피폐해진 국가를 회복시키는 것을 급선무로 설정했다. 이와 더불어 수나라에 뒤이어 등장한

---

* 같은 편 안에서 일어나는 싸움

강대한 당唐나라와 평화적인 외교 관계를 맺고자 노력했다. 더 이상 대륙에 대항하는 것은 무리수라는 판단이었다.

이 때 영류태왕의 공식적인 외교 정책명이 북쪽을 지키고 남쪽으로 진격한다는 북수남진北守南進이었다. 그런데 문제는 고구려를 향한 당나라의 오만한 태도였다. 당시 당나라의 황제는 그 유명한 '당 태종 이세민'이었다. 622년, 당나라는 우선 수나라의 고구려 침공 때 본국으로 돌아가지 못한 중국인들의 대거 송환을 요구했다. 고구려 입장에서는 자신들을 침공했던 적국의 포로를 잡아두고 있는 것이 당연한 일이었지만, 당나라의 일방적 요구에 1만 여명에 달하는 포로들을 아무 조건 없이 풀어줬다.

또한 당나라의 요구로 고구려의 요충지들이 세세하게 나와 있는 지도도 넘겨줬다. 이후에도 오만함이 가득한 당나라의 요구가 계속됐는데, 그 중에 가장 굴욕적인 일이 631년에 발생했다. 당시 고구려에는 수나라의 고구려 침공 때 죽은 병사들의 해골을 파묻고, 수군隋軍 격퇴를 기념하기 위해 세운 경관승전탑이 있었다. 그런데 이세민은 광주사마 장손사를 보내 이를 철거하라고 요구했다. 이 사안을 놓고 고구려 조정에서는 격렬한 논쟁이 오고 갔다. 결국, 최종 결정권자였던 영류태왕은 이번에도 온건 노선을 견지하며 당나라의 요구를 그대로 들어줬다.

내부 노선 갈등 심화

경관 사건 등을 계기로 고구려 내부는 대당 강경파와 온건파로 나뉘어 극심하게 대립하는 양상을 보였다. 연개소문을 중심으로 한 군부 소장파들은 저자세 외교를 비판하며 다시금 영양태왕 때의 강경 노선을 표방해야 한다고 주장했다. 계속 밀리면 당나라가 더 심한 요구를 해올 것이 분명했고, 유화적인 태도를 취한다고 해도 결국 당나라의 침공을 피할 순 없을 것이라고 봤다. 반면, 장년 · 원로대신들은 군부 소장파들의 주장을 현실을 도외시한 치기 어린 것에 불과하다고 비판하며 영류태왕의 온건 노선이 지속돼야 한다고 주장했다.

이와 관련해 후대의 역사가들은 고구려가 어떠한 노선을 취했든지 간에 당나라의 침공은 예정돼 있었다는 견해에 대체로 동의하고 있다. 수나라까지 물리쳤던 고구려는 그 존재 자체만으로 이세민에게 작지 않은 걸림돌로 여겨졌다. 아울러 연개소문도 집권 초기 전략적 차원에서 당나라의 환심을 사기 위한 것으로 보이는 '도교'道敎 진흥 정책*을 잠시 추구했음에도 불구하고 당 태종 이세민과 장손무기, 등소 등은 이에 아랑곳하지 않고 고구려에 대한 침공 계획을 구체적으로 논의, 추진했다. 더욱이 644년 정월에 당나라는 이세민의 조서를 통해 신

---

* 당나라는 노자(老子)의 후예를 주장하며 도교를 존숭(尊崇)하고 있었다.

라에 대한 고구려의 군사 행동을 중단할 것을 요구했고, 이를 받아들이지 않을 경우 고구려를 정벌하겠다는 노골적인 경고를 가하기도 했다. 고구려 침공을 위한 구실을 어떻게든지 찾고 있었던 셈이다.

연개소문 정변

연개소문을 중심으로 한 군부 소장파들의 노선 변화 요구가 거세지면서 장년·원로대신들의 위기감은 높아져 갔다. 특히, 그 수장이었던 연개소문은 눈엣가시나 다름없었다. 연개소문은 자신의 아버지 연태조가 막리지였고, 예로부터 가문 자체가 힘이 있었다. 앞서 장년·원로대신들은 연개소문을 견제하며 그가 아버지의 관직을 승계하는 것을 반대하기도 했었다. 결국, 이들은 영류태왕을 설득해 연개소문 제거 계획을 세우게 된다.

그 첫 단계로 당나라의 침공에 대비해 축조하고 있던 천리장성千里長城에 대한 감독 업무를 연개소문이 맡도록 했다. 천리장성은 수도 평양에서 멀리 떨어진 고구려의 서쪽 국경에 있었다. 연개소문을 중앙정치 무대가 아닌 변방으로 보낸 후 서서히 힘을 약화시키려는 복안이었다.

하지만 이 계획은 연개소문에게 은밀히 보고됐고, 그는 당하기 전에 먼저 거사擧事를 일으키기로 마음먹었다. 642년, 연개소문은 자신이 관장하는 부部에 소속된 사병들을 중심으로 평양성 남쪽에서 열병식을 거행하기로 했는데, 이 자리에 장년·원로대신들을 초청한 후 모조리 척살한다는 계획을 세웠다. 실제 열병식에는 100여 명에 달하는 대신들이 참석했다. 그리고 열병식이 화려하게 진행되던 중 연개소문은 사병들에게 미리 약속한 신호를 보냈고, 그 자리에서 순식간에 대신들이 대거 죽임을 당했다.

열병식 거사가 성공하자 연개소문은 곧바로 대궐로 쳐들어갔다. 그는 대궐을 장악한 후 영류태왕을 죽이고 왕의 시신을 토막 내 구덩이에 던져 버렸다. 살수대첩 당시 대동강 주변에서 수나라 해군을 격퇴해 전쟁 영웅으로 칭송받았던 고건무, 영류태왕은 그렇게 비참한 최후를 맞이했다. 거사가 최종적으로 성공한 후 연개소문은 영류태왕의 조카였던 장臧을 새로운 왕으로 추대했는데, 이 왕이 바로 고구려의 마지막 왕인 보장태왕이다. 그리고 연개소문 자신은 병권兵權과 인사권을 총괄하는 대막리지에 올랐다.

한민족의 마지막 불꽃

연개소문이 집권한 후 당나라를 향한 고구려의 외교 노선은 이전과 달리 비타협적이고 도전적으로 변했다. 아니 어쩌면 고구려 본연의 모습으로 돌아간 것인지도 모른다. 또한 김춘추와의 회담이 결렬된 이후 신라에 내해서도 강경한 태도를 취했고, 백제와 연합해 신라의 40여 개 성城을 공격하기도 했다.

이 같은 모습에 격분한 이세민은 645년 드디어 고구려를 침공했다. 그런데 이세민은 누구였던가. 그는 김부식의 『삼국사기』에서도 보여지듯 역사상 보기 드문 '명군'名君으로 칭송받았던 군주다.

김부식은 "당 태종 이세민은 매우 총명하여 세상에서 좀처럼 보기 드문 임금이었다. 난을 평정함은 탕왕과 무왕에 비할 수 있고, 다스림을 이룬 것은 성왕과 강왕에 가까웠다. 때에 이르러서는 기묘한 계책을 내는 것이 무궁하여 향하는 곳마다 대적할 자가 없었다"고 전했다.

지금까지도 이세민은 청나라 강희제, 한무제와 더불어 중국의 3대 명군으로 불리고 있고, 그의 치세治世를 기록한 『정관정요』貞觀政要는 정치인들의 필독서로 읽혀지고 있다.

이러한 이세민을 상대로 한다는 것은 이전에 수나라를 상대했던 것과는 차원이 다른 일이었다. 실제로 제1차 고당 전쟁 초반에 이세민이 이끄는 당나라 군대는 공성 장비인 포차를 앞세워 수나라가 돌파하지 못했던 요동성과 개모성, 현도성, 비사성 등을 함락시키며 파죽지세로 밀고 내려갔다. 자칫 평양성이 적들의 사정거리에 그대로 노출될 수 있는 위험천만한 순간이었다.

하지만 연개소문과 양만춘 등을 중심으로 한 고구려 군은 결코 물러서지 않았다. 강력한 당나라군에 맞서 분전奮戰했고, 끝내 안시성安市城 전투에서 당나라군의 전의를 꺾는데 성공했다. 엎친데 덮친 격으로 사기가 저하된 당나라 군에게 매서운 동장군도 찾아왔다. 이에 당나라 군은 고심 끝에 퇴각을 결정했는데, 퇴각 경로는 요택遼澤밖에 없었다. 그런데 이 지역은 진흙탕이어서 퇴각 속도가 현저히 둔화됐다. 이때를 놓치지 않고 연개소문의 고구려 군이 빠르게 추격해 당나라 군을 큰 곤경에 빠뜨렸다. 더 나아가 고구려 군이 이세민의 눈에 화살을 명중시켰다는 이야기도 전해진다.

중국 측이 기록한 정사正史*에는 이 같은 내용이 나와 있지 않지만, 적지 않은 야사野史와 구전에는 이 같은 내용이 기정사실처럼 담겨있다. 심지어 고려시대 목은牧隱 이색의 시에도 "이 고구려는 주머니 속의 물건이라더니, 이세민 눈이 흰 깃화살에 떨어질 줄 누가 알았으랴"라는 대목이 나온다.

이세민의 사망 원인이 이 때 입은 눈 부상 때문이라는 주장도 제기된 바 있다. 또한 단재 신채호 선생은 『조선상고사』에서 연개소문의 추격대가 천리장성을 넘어 중국 북경北京 북쪽의 상곡지방까지 공격했다고 전하고 있다.

---

* 정확한 사실의 역사

구체적인 역사적 사실 여부에 있어 역사가들마다 의견이 엇갈리는 부분도 있지만, 중국인들이 자랑스러워하는 명군 이세민이 연개소문의 고구려 군에게 대패했고 비참하게 퇴각 길에 올라 가까스로 목숨을 부지扶支했다는 것은 역사가들 사이에서 의견이 일치한다. 이전까지 그 수많은 전쟁에서 한 번도 져본 적이 없던 이세민이었다. 이세민은 1차 고당 전쟁 4년 후인 649년에 숨졌는데, 유언으로 "다시는 고구려를 침공하지 말라"는 말을 남겼다고 한다.

　　그로부터 한동안 평화가 유지된 후 661년 제2차 고당전쟁이 발발했다. 이때까지 연개소문은 생존해있었고, 평양성 부근 사수蛇水 전투에 직접 출전해 방효태가 이끄는 당나라 10만 군대를 전멸시키는 전과를 올리며 2차 고당 전쟁도 승리로 이끌었다. 연개소문의 고구려 군은 그 당시 세계 최강으로 불렸던 당나라군을 연이어 격파했던 것이다. 고당 전쟁의 승리를 계기로 연개소문의 권력과 명성은 더욱 공고해졌고, 당나라는 연개소문이 살아있는 한 감히 고구려를 넘볼 수 없었다.

　　하지만 연개소문도 당해내지 못한 것이 있었으니 바로 세월의 무게였다. 666년, 연개소문은 자신의 죽음을 인지하고 세 아들인 남생, 남건, 남산을 불러 다음과 같이 당부했다.

　　"너희들이 화합하지 않으면 모두 죽는다. 당나라가 여전히 우리의 허점을 노리고 있다. 내가 죽더라도 너희들이 힘을 모아 나라를 이끌면 당나라가 넘보지 못할 것이다. 하지만 서로 싸운다면 고구려의 운명을 알 수 없다."

연개소문은 죽을 때까지 사이가 좋지 않은 아들들의 권력 다툼과 그로 인한 국가의 존망存亡을 걱정했던 것이다.

그러나 연개소문의 죽음은 곧 고구려의 끝을 의미했다. 호랑이의 몸에서 살쾡이들이 나왔다고 했던가. 연개소문이 사망한 후 우려했던 대로 철없는 아들들 간의 권력 다툼이 발생했고, 당나라는 내분內紛을 적극 활용하며 고구려를 또 다시 침공했다. 무엇보다 당나라에게 있어 연개소문이 없는 고구려는 '이빨 빠진 호랑이'나 다름없었다.

결국, 연개소문이 사망한 지 2년 밖에 안 된 668년에 고구려는 멸망했다. '자주적 기조'를 바탕으로 중화 패권주의에 대등하게 맞섰고 더 나아가 승리하기까지 했던 한민족의 마지막 혼이 역사의 뒤안길로 사라지는 매우 안타까운 순간이었다. 이후 우리나라 역사에서 고구려와 연개소문에 버금가는 국가 및 인물은 좀처럼 등장하지 않았고, 오히려 친중 사대주의로의 퇴행마저 나타나게 된다.

[02] 태조왕건 정변

혁명인가 쿠데타인가

: '정사' 너머에 있는 '역사'
  궁예 행적과 왕건 정변 전말

칠장사 명부전 궁예벽화

"궁예 말년에 기병장수 홍유, 배현경, 신숭겸, 복지겸 등이 몰래 모의한 후 밤중에 함께 태조^{왕건}의 집에 찾아와 왕으로 추대하겠다고 했다. 이에 태조는 단호하게 거절하며 허락하지 않았다. 그러나 이 때 부인 유씨가 손수 갑옷을 가지고 와서 태조에게 입히고 여러 장수들이 옹위^{擁衛}하여 밖으로 나왔다. 그리고 사람을 시켜 말을 달리며 '드디어 왕공께서 정의의 깃발을 드셨다'라고 소리를 외치게 했다. 이렇게 되자 뒤질세라 달려오는 자가 헤아릴 수 없었으며, 저 궁문에 이르러 북을 치고 환호하면서 기다리는 자도 1만 명을 넘었다. 궁예가 그 소식을 듣자 깜짝 놀라며 '왕공이 나라를 얻었다면 나의 일은 다 허사로다'라며 어찌 할 바를 몰라 하다가 미복 차림으로 북문^{北門}을 빠져나와 달아나니 나인들이 궁궐을 청소하고 새 왕을 맞이했다. 궁예는 산골짜기에 숨어 이틀 밤을 머물렀고 보리 이삭을 몰래 잘라 먹다가 곧 백성들에 의해 맞아서 세상을 떠났다"

_『고려사』^中

　　우리나라 역사에서 대중들에게 가장 널리 알려진 인물 중의 하나는 바로 '궁예'^{弓裔}다. 드라마 등을 통해 애꾸눈과 미륵관심법^{觀心法}을 쓰는 궁예의 이미지가 대중들에게 강렬하게 각인돼있다. 그런데 우리나라 역사에서 궁예 만큼 말기와 최후가 석연치 않은 상황에서 '폭군'^{暴君}이라는 부정적 이미지가 완벽하게 덧씌워져 있는 인물도 드물 것이다.

그동안 왕건王建의 정변은 궁예의 폭정을 종식시키고 새로운 나라를 건국한 혁명革命*으로 받아 들여졌다. 왕건은 고려 태조太祖라는 위대한 역사의 승자가 됐고, 궁예는 왕위에서 쫓겨나 일개 도적보다 못한 비참한 최후를 맞는 역사의 패자가 됐다. 일반적으로 받아들여지는 소위 정사正史는 이 점을 한없이 부각한다.

하지만 역사는 반드시 정사만을 고집할 수 없는 측면도 있다. 그것이 승자들의 관점만을 기초로 실제 사실과는 다르게 기록됐을 수도 있기 때문이다. 해당 역사의 전후 맥락과 일부 근거들을 기반으로 합리적으로 추정해보고, 항간에서 기록한 역사인 야사野史와 민담民譚 등을 살펴보는 것도 역사적 사실을 탐구해나가는 중요한 과정 중의 하나다.

이러한 측면에서 궁예의 석연치 않은 말기와 최후 행적, 그리고 궁예라는 인물과 왕건 정변의 본질 등을 살펴보는 것은 의미가 있고 필요한 일이다. 정사에 나온 기록들과 몇 가지 단서들에 기반한 합리적 추정 등을 아우르며 해당 역사를 되돌아봤다.

---

* 기존의 사회체계를 변혁하기 위하여 이제까지 국가 권력을 장악하였던 계층을 대신하여 그 권력을 비합법적인 방법으로 탈취하는 권력 교체의 형식

군웅할거, 후삼국 정립

9세기 말, 통일 신라는 쇠퇴하고 있었다. 50년 가까이 지속된 지배층 간의 내란內亂으로 왕권이 크게 약화됐고, 전국 각지에서 군웅群雄들이 할거割據*하며 독자 세력화를 진행했다. 다양한 군웅들 사이에서 단연 두드러진 인물은 궁예와 견훤이었다. 특히, 궁예는 정사에 따르면 신라의 왕자서자 출신이었다. 그러나 궁예가 누구의 자식인지는 정확히 밝혀진 바가 없다. 다만, 신라 왕실 내부의 권력 다툼에 휘말려 어린 나이에 죽을 위기를 맞았고, 한 유비乳婢, 젖먹이 비녀에 의해 가까스로 목숨을 부지했지만 한 쪽 눈을 잃고 말았다.

이후 궁예는 10살이 될 무렵 세달사世達寺로 출가했고, 자신의 법호를 '선종善宗'이라고 했다. 이 시기 궁예는 불교 신앙을 현실 정치에 적용하는 기초를 닦은 것으로 보인다. 즉, 추후 '미륵 부처'를 자처하며 세력을 다져나가는 정치적 방향성이 이때 태동胎動한 것으로 보는 것이다. 891년, 궁예는 마침내 세달사를 떠나 반反 신라 기치를 내세우는 죽주竹州 현재 안성시 죽산면의 호족 기훤 밑으로 들어갔다. 그러나 오만한 기훤은 궁예를 제대로 대접해주지 않았고, 이에 분노한 궁예는 이듬해 기훤

---

* 군웅할거, 여러 영웅들이 분할하여 점거한다는 뜻으로 많은 강한 세력들이 다투는 상황을 가리키는 말

곁을 떠나 북원北原 현재 원주의 호족 양길 밑으로 들어갔다.

　기훤과 달리 궁예의 능력을 알아본 양길은 궁예를 후하게 대접해줬다. 더욱이 별도 군사들까지 내줘 궁예가 독자적인 세력을 형성할 수 있는 기반을 마련해줬다. 하지만 이는 호랑이에게 날개를 달아준 격이었다. 3000명이 넘는 군사들을 확보한 궁예는 병사 한 명 한 명을 자비롭게 대하며 큰 신망을 얻었고, 이를 기반으로 장군으로 추대가 되며 명주溟州 현재 강원도 강릉에서 완전히 자립하는데 성공했다.

　이후 부대 편제를 완료한 궁예는 본격적으로 세력을 확장해나갔다. 우선 895년에 태백산맥을 넘어 한산주漢山州 관내 10군현을 차지했고, 패서浿西 현재 예성강 이서 황해도 지역의 호족들을 복속시켰다. 이 때 송악松嶽 현재 개성의 유력한 호족인 왕건 가문이 궁예에게 귀부했다. 궁예는 이들에게 별도로 군사를 내줘 독자적으로 활동할 수 있게 했고, 왕건 가문은 출중한 능력 및 인지도 등을 바탕으로 여러 성들을 점령해 궁예의 세력 확장에 큰 몫을 했다. 자신감이 높아진 궁예는 898년에 수도를 기존 철원鐵原에서 송악으로 옮겼다. 비로소 궁예 세력은 국가로서의 면모를 갖추게 됐다.

　한편, 궁예의 세력 확장을 우려스럽게 지켜보던 양길은 궁예를 공격하기 시작했다. 그러나 양길의 공격을 이미 예측했던 궁예는 이를 여유롭게 막아냈고, 오히려 역공을 가해 양길을 패배시켰다. 이에 따라 궁예는 양길의 지배하에 있던 지역까지 장악했고, 그 세력 범위는 지금의 경기도, 충청북도, 강원도, 황해도까지 미치게 됐다. 통일 신라의 9주 중 고구려의 옛 땅 대부분을 지배하게 된 것이다.

한반도의 새로운 강자로 부상한 궁예는 마침내 901년 '고려'高麗를 건국했다. 이때의 국가 명칭은 왕건의 고려와 구분하기 위해 '후고구려'라고도 부른다. 이에 앞서 900년에는 신라의 하급무관 출신이었던 견훤이 후백제를 건국했다. 비로소 후삼국 시대가 도래한 것이다. 궁예의 고려 건국은 무엇보다 고구려 계승을 명확히 표방한 것이었고, 반 신라 기치를 드높인 것이었다. 견훤의 후백제 역시 백제 계승을 표방했고, 신라에 대한 복수심을 노골적으로 드러냈다.

신정神政, 반감의 증폭

고려를 건국 한 이후 궁예는 한동안 눈부신 성과들을 달성해나갔다. 정사에 따르면, 우선 903년에 궁예는 왕건을 시켜 금성錦城 현재 나주을 공격, 점령했다. 나주는 후백제의 배후에 있던 전략적 요충지였다. 이듬해에 궁예는 국호를 마진摩震으로 바꾸고, 신라의 제도를 모방해 광평성廣評省 등을 설치하며 관제를 정비했다. 광평성은 내정을 통괄하는 최고중앙관서였고, 그 밑에 병부兵部, 대룡부大龍部, 수춘부壽春部 등을 둬 각각 사무를 분담했다. 특히, 광평성이 신라 시대 중요한 정책을 결정하던 귀족들의 회의체인 화백和白을 모방한 것이라고 봤을 때 이를 통해 국정에 호족 세력들의 입김이 만만치 않게 작용했을 것으로 추정된다. 그리고 이 즈음 후삼국 통일 전쟁의 주요한 무대가 되는 공주의 장군 홍기가 투항하기도 했다.

이후 905년에 궁예는 다시 철원으로 수도를 옮겼고, 죽령의 동북 지역까지 세력을 확장했다. 또한 패서의 지배 구역에 대한 구체적인 조정을 통해 지배권을 확립한 결과 그 주변부에 있는 대동강 유역 호족들도 귀부하게 됐다. 이듬해인 906년에는 상주 사화진沙火鎭을 점령함으로서 신라에 대한 직접적인 영향력을 행사할 수 있는 길이 열렸다. 909년에는 수군水軍을 통해 후백제 지역에 있던 진도 등을 점령했고, 3년 후에는 나주 일대에 대한 지배권을 완전히 장악하며 후삼국 통일 전쟁에서 후백제보다 우위에 서게 됐다.

이처럼 잘 나가던 궁예가 안 좋은 방향으로 변화하는 모습을 나타낸 것은 911년 국호를 태봉泰封으로 바꾼 이후였다. 정사에 따르면, 이 시기부터 궁예는 자신을 '미륵 부처'로 자처하며 본격적으로 '신정神政*적인 전제주의專制主義**' 정치를 행한

* 종교적 원리에 통치하는 정치 형태
** 군주가 그 나라의 정치를 아무 제재도 받지 않고 행하는 주의

다. 자신은 물론 아들들까지 신격화했고, 강론이나 행차할 때 그리고 복장 등에 있어서 미륵 부처로서의 위엄을 한껏 드러내 보였다. 그리고 결정적으로 '관심법'觀心法이라는 전지全知적 수단을 동원해 신하들의 충성을 유도하고 공포를 유발했다고 전해진다. 관심법은 상대방의 몸가짐이나 얼굴 표정, 얼굴 근육의 움직임 따위로 속마음을 알아낸다는 것이다.

이에 따라 궁예의 손에 죽임을 당하거나 위기를 맞는 사람들이 늘어났다. 당시 대표적인 승려였던 석총은 궁예의 강설을 괴담怪談이라고 비난했다가 철퇴에 맞아 죽었고, 심지어 궁예의 부인인 강씨와 두 아들들도 관심법에 걸려 처참하게 살해됐다. 왕건 역시 반역의 혐의를 받았지만, 책사인 최응의 기지로 기사회생起死回生했다. 더욱이 전쟁 수행 등을 명분으로 백성들에게 과도한 세금을 부과해 민생이 어려움에 처하는 상황에 이르렀다. 거병擧兵한 후 상당 기간 자애로운 지도자의 이미지를 가졌던 궁예가 어느새 정신적으로 미친 폭군으로 변질돼 있었다.

그 결과 대다수의 호족, 교단 승려들, 유학자들, 그리고 백성들이 궁예에게서 등을 돌렸고, 궁예 정권은 종간, 이흔암 등 특정 소수 세력에 의해 겨우 유지되는 모습이었다. 이런 상황에서 궁예의 대안으로 후삼국 통일 전쟁의 영웅이자 호족 세력의 '거두'巨頭라고 할 수 있는 왕건이 급부상하게 된다. 실제로 궁예 정권 말기에는 궁예의 쇠퇴와 왕건의 부상을 예언하는 도

참圖讖 사상이 널리 퍼지기노 했나고 전해진다.

왕건 정변

마침내 궁예의 폭정을 더 이상 참지 못한 일단의 장수들을 중심으로 정변에 대한 모의가 시작됐다. 대표적인 인물들이 홍유, 배현경, 신숭겸, 복지겸 등이다. 사실상 왕건의 최측근들이나 다름없었다. 이들은 궁예를 폐위廢位*하고 왕건을 새로운 왕으로 추대할 것을 결의한 후 왕건의 집으로 찾아가 자신들의 뜻을 전달했다. 때는 918년 6월이었다.

하지만 왕건은 처음에는 단호히 반대했다. 그는 이를 왕에 대한 배신으로 봤던 것이다. 그런데 왕건의 부인 유씨追后 신혜왕후가 밖에서 엿들은 후 손수 갑옷을 챙겨와 왕건에게 말했다. "대의大義를 내세우고 폭군을 갈아 내는 것은 예로부터 그러한 일입니다. 지금 여러 장군들의 의견을 들으니 저도 의분義憤**을 참을 수 없는데 하물며 대장부야 말할 나위가 있겠습니까."

결국, 이에 설득된 왕건은 갑옷을 입고 장군들과 함께 밖으로 나와 정변을 단행했다. 정사에 따르면, 정변이 일어났을 때 왕건의 군사들뿐만이 아니라 수많은 민중들도 궁궐 문 앞에 모

---

* 왕이나 왕비를 그 자리에서 몰아냄
** 옳지 않은 일을 보고 일어나는 정의로운 분노

여 북을 두드리며 궁예를 끌어내자고 소리쳤다고 한다. 이어 정변 소식을 들은 궁예는 이렇다 할 저항 한번 해보지 않고 미복 차림으로 궁궐 북문北門으로 도망쳤다고 전해진다. 궁예는 얼마 안 가 백성들에게 잡혀 살해됐다. 이렇게 한 시대를 풍미했던 궁예는 비참하게 역사의 뒤안길로 사라졌고, 무혈입성無血入城*한 왕건은 고려의 '태조'太祖로 등극하게 된다.

궁예 진위 논란

그런데 궁예의 말기와 최후는 석연치 않은 점이 많아 지금까지도 역사학계에서 논란이 되고 있다. 이 같은 논란의 핵심은 궁예가 정말 미쳐버린 폭군이었냐는 것이다. 앞서 언급한 정사에 따르면 궁예는 초·중기에는 어진 정치로 인해 백성들의 신망을 한 몸에 받다가, 말기에 이르러 갑자기 폭군으로 돌변해 민심을 잃었고 신하와 백성들에 의해 비참한 최후를 맞는 것으로 묘사됐다.

그런데 역사는 '승자의 기록'이라는 말이 있다. 역사적으로 한 세력이 정변을 통해 권력을 잡으면, 그 세력은 정당성 확보 차원에서 전임자와 그 추종 세력을 왜곡하거나 격하하는 일이 비일비재했다. 그리고 이에 기반해 역사의 기록을 남겼고, 후

---

* 피를 흘려 싸우지 아니하고 성을 점령하여 들어감

대 사람들은 이 기록을 성사로서 받아들일 수밖에 없었디. 대표적으로 이성계와 혁명파 사대부들은 조선을 건국 할 때 고려 왕조 및 왕족들에게 이 같은 공격을 가했다. 바로 이러한 점이 궁예에게도 적용됐을 가능성이 있다는 것이다. 즉, 왕건 쿠데타의 정당성을 입증하는 것이 필요했고, 그러기 위해서는 전임자였던 궁예를 '인격 말살'시키는 것만큼 효과적인 것이 없었을 것이라는 추정이다.

이 같은 추정에 기반해 궁예에게 유리한 주장 및 근거들이 적지 않게 제기된다. 우선 궁예가 온전치 않은 정신으로 폭정을 일삼았고, 이에 신하들이 정당한 혁명을 일으켰다는 것부터가 의문이다. 한 때 살아있는 부처로까지 추앙받던 인물이 일순간 미치광이 폭군이 되는, 극과 극을 오가는 것이 쉽사리 이해가 되지 않는 측면이 있다. 이에 따라 단순히 정신적인 문제가 아니라 궁예의 왕권 강화 노력 및 호족 세력 등과의 권력 투쟁이 있었고, 여기에서 궁예가 패배해 왕위에서 쫓겨남에 따라 역사에서 평가절하됐다는 주장이 나온다.

특히, 궁예가 901년에 황해도 송악을 도읍으로 삼아 후고구려를 건국했다가 904년에 국호를 '마진'으로, 905년에 수도를 '철원'으로 옮긴 것에 주목할 필요가 있다. 지금도 그렇지만 당시에도 국호와 수도를 바꾼다는 것은 결코 쉬운 일이 아니었다. 그럼에도 궁예는 한강 하구와 인접한 요충지인 송악을 버리고,

굳이 물길이 희박하고 내륙 깊숙이 위치해있는 철원으로의 천도를 단행한다. 송악에 비해 상당히 열악한 입지를 갖춘 곳이었음에도 불구하고 궁예가 철원을 택한 이면에는 황해도를 중심으로 한 호족 세력과의 권력 투쟁이 있었을 것으로 추정된다.

철원 천도 직전에 설치했던 광평성에서도 이와 관련한 단서를 엿볼 수 있다. 다시 말해 정적政敵*인 호족 세력의 입김이 강하게 작용하는 곳에서 벗어나 궁예 자신에게 우호적인 세력 기반이 존재하는 곳으로 이동해 이른바 '새판 짜기'를 모색했다는 것이다.

반면, 궁예와 달리 기득권 세력인 황해도 호족 등에게는 철원 천도가 크게 불리한 일이었다. 무엇보다 자신들의 근거지가 수도에서 멀어지면서 이전에 비해 정치적 영향력 및 경제적 이권이 감소할 수밖에 없기 때문이다. 더욱이 궁예가 철원에 왕궁을 지으면서 호족 세력이 소유한 자금과 노동력 등을 대거 징발함에 따라 궁예에 대한 호족 세력의 반감은 극에 달했을 것으로 보인다. 궁예가 강하게 표방했던 고구려 계승 및 북진北進 정책 기조도 안정을 추구하는 보수적인 호족들에게는 부담이었을 수 있다.

궁극적으로 궁예는 이러한 것들을 통해 호족 세력의 기를

---

* 정치상으로 서로 대립되는 처지에 있는 사람

누르고 왕권을 강화하려고 했을 것이다. 그렇다면 그의 트레이드 마크인 '관심법'도 왕권 강화를 위한 효과적인 수단이자 전략으로 동원된 측면이 있다는 해석이 가능하다. 그러나 호족 세력은 궁예의 정책 기조를 견디지 못했고, 결국 자신들에게 우호적일 수밖에 없는 배경을 가진 왕건을 앞세워 찬탈篡奪*을 도모했을 가능성이 있었을 것으로 추정된다. 앞서 언급한 대로 잠재적 대권 주자였던 왕건은 황해도 송악에 기반해 있는 호족이었고, 궁예가 죽였다고 하는 왕비 강씨 역시 황해도 신천의 호족 딸이었다. 실제로 왕위에 오른 왕건은 궁예와는 달리 호족 세력을 적극적으로 포용하는 정책을 취한다.

궁예의 최후에 대한 의문도 제기된다. 앞서 언급한 정사에는 궁예가 저항 한번 해보지 못하고 비참한 최후를 맞는 것으로 나와있다. 하지만, 양길 휘하에 있는 평장군일 때는 맹장猛將의 면모를 유감없이 보여줬고, 왕위에 올라서는 '정복군주'로서의 면모도 보여줬던 궁예가 그렇게 맥없이 무너졌다는 것은 선뜻 이해가 되지 않는 측면이 있다. 더욱이 궁예의 추종 세력이 남아있었던 만큼, 여차하면 그쪽으로 몸을 피해 반격을 도모하는 것이 가능했을 수도 있다.

_____

* 임금의 자리나 국가 권력, 정권 등을 반역하여 빼앗음

이런 가운데 오래 전부터 전해 내려오는 '민담'에는 정사와는 다른 이야기가 담겨있다. 바로 궁예가 왕건에게 크게 항전抗戰했다는 것이다. 특히, 당시의 기와가 발견되기도 한 포천의 보개산성寶蓋山城은 궁예가 왕건과 최후의 결전을 위해 쌓은 성으로 알려졌다. 또한 철원의 명성산은 '울음산'이라고도 불리는데, 이는 궁예의 친위부대가 왕건군에 밀려 최후의 보루로 삼고 항전하다 더 이상 승산이 없다고 판단한 궁예가 친위부대를 해산하면서 슬피 울었던 곳으로 전해진다.

아울러 전남 강진 무위사에 세워진 '선각대사비'先覺大師碑는 지금까지의 추정들에 힘을 실어주는 중요한 근거가 되고 있다. 선각대사비는 고려의 건국을 예언한 인물로 꼽히는 선각대사 형미의 행적을 기록해 둔 비석이다. 이 비석은 궁예와 왕건이 죽은 후인 946년정종 1년에 건립됐다. 다시 말해 고려 초에 세워진 것이다. 여기에는 후삼국 통일 과정과 고려 건국 비화도 담겨져 있는데, 왕을 뜻하는 의미인 '금상'今上과 '대왕'大王이라는 표현이 등장한다.

금상은 '왕건'을 지칭하는 것이 분명했다. 그러면 도대체 대왕은 누구를 지칭하는 것인 지가 논란이었다. 처음에는 이 역시 왕건을 지칭하는 것이란 주장이 많았지만, 최근에는 궁예를 지칭한다는 것이 유력한 상황이다. 그렇지 않고서야 굳이 금상과 대왕을 구분할 필요가 없었다는 것이다. 이에 따라 적어도 고려 초까지는 궁예가 단순한 폭군이 아닌 대왕으로 인정을 받았고, 이후 시간이 지나면서 점차 대왕에서 폭군으로 변질된 것이라는 추정이 나온다.

더욱이 이 비석에는 912년 대왕궁예이 직접 군대를 이끌고 금성나주을 공격해 점령했다는 내용도 들어있다. 나주는 영산포 뱃길을 통하는 서남해안 지역의 물류 중심지였다. 이곳을 손에 넣는 것은 후삼국 통일 전쟁에 있어 매우 중요한 과제였다. 그런데 그동안 나주 정벌은 왕건의 대표적인 업적으로 알려졌었다. 『삼국사기』나 『고려사』 등에는 궁예가 직접 참전한 기록이 없었다. 그러나 선각대사비의 내용을 기초로 하면, 나주 정벌은 왕건이 아닌 궁예의 업적이고, 기실 정복군주로서 궁예의 면모를 여과 없이 드러내고 있다. 결국 후대 사람들이 궁예를 격하하는 과정에서 이 같은 사실을 인멸^{湮滅}*했을 가능성도 있는 것이다. 다만, 지금까지 언급한 주요 내용들은 객관적 사실이 아닌 몇 가지 단서들에 기반해 도출한 추정의 영역에 속하는 것이다. 그럼에도 역사의 전후 맥락 등을 감안할 때 충분히 숙고할 만한 가치가 있는 추정들이다.

---

* 어떤 기록이나 흔적이 자취도 없이 모두 없어짐

포용 · 통합 리더십, 후삼국 통일

918년, 정변을 통해 집권한 왕건은 국호를 '고려'高麗, 연호를 '천수'天授라고 정했다. 이는 기본적으로 궁예의 고구려 부흥 및 북방 진출 의지를 계승한 것으로 볼 수 있다. 이후 왕건은 잔존하고 있던 김순식, 이흔암 등 궁예 추종 세력을 척결하고, 조세 경감과 토지 제도 개선, 빈민 구제 등 민생을 안정시키는 데 주력했다. 또한 강력한 세력으로 존재하고 있는 호족들을 궁예처럼 적대하는 것이 아닌 회유, 포용하는 정책을 취했다. 이 정책의 핵심은 호족 세력과의 정략 결혼이었는데, 이에 따라 왕건은 무려 29명이나 되는 후궁들을 거느렸다.

어느 정도 기반을 닦은 왕건은 이듬해 1월 다시 송악으로 수도를 옮겼고, 후삼국 통일을 놓고 후백제의 견훤과 본격적인 전쟁을 준비한다. 당시 후삼국 통일전쟁 과정에 있어 왕건이 남다르게 표방했던 정책은 호족 세력에게 사용했던 포용 정책이다. 우선 왕건은 신라를 대하는데 있어 전임자였던 궁예 및 후백제의 견훤과는 확연히 다른 모습을 보였다. 궁예는 신라를 이른바 멸도滅亡해야 할 도시라고 부르며 경멸했다. 왕자였던 자신을 버렸으니 개인적인 원한도 상당했을 것이다. 신라의 하급무관 출신이었던 견훤 역시 시종일관 신라에 대해 적대적인 노선을 견지했다. 그러나 왕건은 기본적으로 신라라는 나라를 인정했고, 일부 신라 관제 차용과 포로 반환 등 유화적인 노선을 택했다.

특히, 927년에 견훤이 신라의 수도인 서라벌^{경주}을 공격했을 때에도 왕건은 신라의 도움 요청에 적극 화답하며 대규모의 지원군을 신라로 파견했다. 하지만 강력한 견훤의 군대는 서라벌을 마음대로 유린했고, 당시 신라의 왕이었던 경애왕^{景哀王 신라 제 55대 왕}을 살해했다. 이어 왕비를 모욕하고 허수아비 왕인 경순왕^{敬順王 신라 제 56대 왕}을 세웠다. 더 나아가 견훤의 군대는 공산^{公山 현재 대구 달성군 팔공산}의 동수^{桐藪}에서 왕건의 지원군을 궤멸시켰다. 이 전투에서 왕건의 충신이었던 신숭겸, 김락 등이 전사했고, 왕건은 가까스로 목숨을 부지했다. 비록 이 전투에서 왕건은 견훤에게 완패했지만, 신라와 경순왕의 확고한 지지 및 신뢰를 보장받게 된다. 이것이 발판이 돼 추후 935년에 경순왕은 고려에 자발적으로 투항했다.

왕건은 심지어 견훤도 포용하는 모습을 보였다. 공산 전투 이후 견훤은 왕건에게 자신을 '상부'^{上父}로 우대할 것을 요구하는 등 기고만장했다. 한동안 통일 전쟁의 주도권은 견훤의 후백제에게 있었다. 그러다가 왕건의 고려군은 930년에 벌어진 고창^{古昌 현재 경상북도 안동} 전투에서 대승을 거두며 마침내 전세를 역전시키는데 성공했다. 이어 왕건은 운주^{運州} 전투에서도 승리해 이북 30여 성을 차지하는 큰 성과를 올렸다.

이 즈음 전세가 기울고 노쇠해진 견훤은 자신의 막내아들인 금강을 후계자로 지명했다. 그러나 이에 반발해 첫째 아들인 신검을 비롯한 다른 아들들이 들고 일어나 금강을 살해했고, 아버지인 견훤을 금산사金山寺에 유폐시켰다. 아들들에게 버림을 받은 견훤은 어쩔 수 없는 자구책으로서 몰래 탈출해 왕건에게 투항하는 길을 선택했다. 왕건은 견훤이 투항해오자 과거에 견훤이 요구했던 존칭인 상부라는 용어를 구사하며 견훤을 환대해줬다. 과거 공산 전투에서 견훤에 의해 자신의 충신들이 죽임을 당했지만, 왕건은 이에 아랑곳하지 않고 적국의 수장이었던 견훤마저 품었다.

이후 왕건은 견훤을 앞세워 후백제 정벌에 효과적으로 나설 수 있었다. 이 때 신검이 이끄는 후백제군은 이전에 자신들의 왕이자 후백제의 건국자였던 견훤이 고려군을 이끌고 나타나자 사기가 급격히 떨어지는 모습을 보였다. 마침내 936년에 벌어진 일리천一利川현재 선산 전투에서 고려군이 후백제군을 대파하며 후삼국 통일 전쟁이 막을 내리게 됐고, 왕건은 고려를 건국한 지 19년 만에 후삼국 통일이라는 대업大業을 달성하게 됐다.

한편, 왕건은 불교 뿐만이 아닌 다양한 사상들도 포용했고, 최언위, 최은함, 최승로 등 종교와 사상을 초월해 인재를 고루 등용하기도 했다. 아울러 후삼국 통일 전인 926년에는 거란족이 세운 요遼나라에 의해 멸망한 발해渤海의 유민들을 대거 흡

수했다. 결국, 고려라는 국가는 삼국고구려, 백제, 신라 통일 과정 등 이전의 우리나라 역사에서는 좀처럼 찾아볼 수 없었던 완전한 포용, 통합의 기반 위에 세워진 최초의 한민족 통일 국가였던 셈이다.

고려판 국정농단 사건

: 고려 문벌귀족 사회의 민낯
  이자겸의 난 전말

「고려사」 연세대학교 도서관 소장

"...중략... 이자겸은 친족들을 요직에 배치하고 관직을 팔아 자기 일당을 요소요소에 심어두었다. 스스로 국공國公에 올라 왕태자와 동등한 예우를 받았으며, 그의 생일을 인수절仁壽節이라 하고 국왕에게 올리는 형식으로 그에게 글을 올리게 했다. 아들들이 다투어 지은 저택은 거리마다 이어져 있었고, 세력이 커지자 뇌물이 공공연하게 오가고 사방에서 선물로 들어온 고기 수만 근이 날마다 썩어나갔다. 토지를 강탈하고 종들을 풀어 백성들의 수레와 말을 빼앗아 물건을 실어 나르니, 힘없는 백성들은 수레를 부수고 소와 말을 파느라 도로가 소란스러웠다. 이자겸은 지군국사知軍國事가 되어 왕에게 그 책봉식을 궁전이 아니라 자신의 집에서 하게 했고, 시간까지 강제로 정할 정도였다. 이로 인해 왕은 이자겸을 몹시 싫어하였다"

_『고려사』中

태조 왕건이 고려를 건국했을 때 중심 세력은 지방 호족豪族이었다. 이 호족 세력은 시간이 지나면서 문벌귀족門閥貴族*으로 변모해갔는데, 이들은 왕실과의 혼인, 토지 독점, 관직 세습 등을 기반으로 고려 사회의 절대적인 지배계층으로 군림하게 된다. 그러나 너무나 막강한 권세를 소유한 부작용 때문이었을

---

* 대대로 특정 사회적 신분이나 지위를 가진 귀족

까. 문벌귀족 사회의 모순이 증폭되면서 고려는 연이어 큰 '사달'을 겪게 된다.

이 가운데 가장 대표적인 것이 바로 '이자겸의 난'이다. 이자겸의 인주현재 인천 이씨 가문은 수십년 간 왕실과 가장 가까운 '외척'外戚 세력으로 존재했고, 급기야 이자겸 때에 이르러서는 왕권을 능가하고 위협하는 권세를 부리게 된다. 이른바 '고려판 국정 농단' 사건이었고, 자칫 왕조의 교체마저 불러올 수도 있었던 '대ㅅ정변'이었다.

'이자겸의 난'은 이후 고려 정국의 향방에도 적지 않은 영향을 미친다. 이를 계기로 귀족들 간의 갈등과 분열이 더욱 심화되면서, 고려는 정치·사회적으로 크게 흔들렸다. 더 나아가 고려 귀족 사회의 근간을 송두리째 뒤흔드는 무신정변武臣政變을 촉발시키는 단초를 제공했다. 고려 귀족 사회의 민낯을 적나라하게 드러내며 고려 중기 이후의 역사를 규정지었던 '이자겸의 난' 전말을 되돌아봤다.

문벌귀족 사회와 인주이씨 권세

11세기 이후가 되면서 고려는 '문벌귀족' 사회로 진입하게 된다. 문벌귀족은 여러 세대에 걸쳐 고위 관직자를 배출하고 왕실의 외척이 된 자들을 말하는 것인데, 고려 성종成宗, 제6대 왕 때 중앙집권 체제가 확립되면서 새로운 지배계층으로 부상했다. 주로 지방 호족이나 개국공신의 후손들이 이에 속했다.

문벌귀족을 지탱한 것은 경제력과 권력 세습이었다. 우선 이들은 권력을 이용해 광대한 토지를 소유하며 경제력을 확대했는데, 대표적으로 과전科田과 공음전功蔭田이 있었다. 과전은 관직·관품에 따라 18등급으로 나눠 차등있게 분급한 것이었고, 공음전은 5품 이상 고위 관리에게 지급한 토지로서 자손에게 세습이 가능한 영업전永業田이었다.

또한 음서蔭敍와 과거科擧를 통해 권력도 세습했다. 특히, 음서는 신라 시대의 사례를 따라 문벌귀족의 특권을 유지하기 위해 그 후손을 관리로 선발했던 제도다. 음서로 처음 임용되는 관직은 이속에서부터 정8품까지 이르렀고, 형식상 승진 제한에도 불구하고 과거를 통한 등용자처럼 5품 이상까지 승진하는 경우도 많았다. 고려 초기에는 직계 1촌인 친자에게만 특권을 부여했지만, 인종 대에 와서는 양자, 친손자, 외손자, 조카까지 특권이 확대됐다. 더 나아가 이들은 왕실과 중첩된 혼인 관계를 맺으며 외척 세력으로 군림하기도 했다.

이처럼 고려의 문벌귀족들은 신라의 성골, 진골처럼 각종 권력을 장악하며 화려한 귀족 문화를 꽃피웠다. 당시 대표적인 문벌귀족으로는 인주 이씨이자겸, 안산 김씨김은부, 경주 김씨김부식, 해주 최씨최충, 청주 이씨이가도, 광양 김씨김양감, 수주 최씨최사위, 이천 서씨서희, 남평 문씨문공원, 파평 윤씨윤관, 평산 박씨박

인랑, 경주 최씨최승로 등이 있었다.

이 가운데 고려 초기 이래 가장 세력이 강했던 문벌귀족은 인주 이씨 가문이었다. 이 가문은 문종文宗, 제11대 왕부터 인종仁宗, 제17대 왕까지 무려 80여 년 간을 외척 세력으로 있으면서 강력한 권세를 떨쳤는데, 우선 이자겸의 증조할아버지인 이허겸이 그의 두 딸을 현종顯宗, 제8대 왕의 왕비로 만들면서 인주 이씨 세도정치勢道政治*의 물꼬를 텄다. 이후 손자인 이자연 때에 이르러 인주 이씨 가문은 일약 권문세가權門勢家**로 부상했다. 이자연은 왕실 외척에 더해 22세에 과거 장원급제라는 개인적 역량까지 더해진 화려한 인물이었다. 이를 기반으로 그의 세 딸을 문종의 왕비로 들여보냈는데, 세 딸 중 하나인 인예왕후의 혈통은 문종 이후 선종, 헌종, 인종 등까지 이어지게 된다.

다만, 인주 이씨 가문이 위기를 맞을 때도 있었다. 나이가 어리고 병약했던 헌종 때에 이자겸의 사촌인 이자의가 자신의 누이인 원신궁주와 선종 사이에서 낳은 한산후 왕균을 옹립하려다 왕의 숙부인 계림공숙종에 의해 진압된 것이다. 이후 계림공은 헌종에게 양위讓位를 받아 숙종으로 즉위했고, 원신궁주 및 한산후 등을 유배보내거나 외척 세력들을 멀리 하면서 왕권

---

* 왕실의 근친이나 신하가 강력한 권세를 잡고 온갖 정사를 마음대로 하는 정치
** 벼슬이 높고 권세가 있는 집안

을 강화해나갔다.

하지만 이같은 모습은 오래가지 못했다. 숙종 이후 왕위에 오른 예종은 한편으로는 신진관료들을 등용해 기득권 세력을 견제하는 등 부분적으로 왕권 강화 노력은 이어가면서도 다른 한편으로는 다시금 인주 이씨 가문과 결연^{結緣}하는 모습을 보였다. 이에 따라 이자겸은 자신의 딸을 예종의 왕비^{문경황후}로 만드는데 성공하며 예전과 같은 권세를 회복했다.

그런데 예종의 죽음이 가까워지자 차기 대권을 놓고 이자겸 세력과 예종이 등용한 한안인 등 신진관료들 간의 대립이 크게 발생했다. 신진관료들은 외척 세력의 발호^{跋扈}를 없애야 한다며 나이가 어린 태자 대신 예종의 동생 대방공^{帶方公} 왕보에게 양위해야 한다고 주장했다. 반면 이자겸은 외손인 태자가 왕위를 이어야 한다고 예종을 끈질기게 설득했다. 결국, 이자겸의 주장이 받아 들여져 태자 왕해가 14세의 어린 나이에 인종으로 즉위했다. 인종이 왕위에 오른 후 이자겸은 그 공을 인정받아 협모안사공신^{協謀安社功臣}이라는 호를 받았고 '수태사 중서령 소성후'^{守太師中書令邵城侯}라는 최고위직에 올랐다.

이자겸의 국정농단

1122년 인종의 즉위 직후 신진관료들의 우려대로 어린 왕은 사실상 허수아비로 전락했고, 이자겸 세력이 실권을 잡고 국정을 마음대로 주무르기 시작했다. 우선 이자겸 등은 신진관료 등 반대파 숙청에 나섰다. 그는 예종의 동생이자 인종의 작은 아버지인 대방공과 대원공이 문하시랑 한안인 등 신진관료들과 모의해 왕위를 찬탈篡奪하려 했다고 허위 주장을 펼쳤다. 이자겸 세력은 이참에 예종 때부터 문벌귀족에 대응해 떠오르는 세력인 신진관료들의 씨를 잘라버리려 했던 것이다.

이에 따라 대방공 및 한안인 등 많은 신진관료들이 숙청을 당했다. 이어 무인 출신으로 무시할 수 없는 세력을 형성하고 있던 동지추밀원사 최홍재 등을 제거했고, 그 공로를 인정받아 양절익명공신亮節翼命功臣을 제수받았으며 '중서령 영문하상서도성사 판이병부 서경유수사 조선국공 식읍팔천호 식실봉이천호' 亮節翼命功臣中書令領門下尚書都省事判吏兵部西京留守事朝鮮國公食邑八千戶食實封二千戶라는 매우 긴 이름의 관직에 책봉됐다. 이 가운데 '판이병부사'가 핵심이었는데, 이는 문신 관료 및 무신 관료에 대한 인사권을 동시에 갖는 것이다.

나아가 이자겸은 주변 자제들과 친족들을 요직에 등용했다. 그리고 예종에 이어 인종에게도 자신의 셋째, 넷째 딸을 왕비로 들이게 했다. 막대한 경제적 부도 자연스레 따라왔다. 왕으로부터 일정한 지역을 식읍食邑*으로 받았고, 많은 저택과 토

---

* 왕족, 공신, 대신들에게 공로에 대한 특별보상으로 주는 영지

지 등을 점유했다. 주변에는 아침꾼들이 넘쳐나 무수한 뇌물이 이자겸의 집에 쌓였다.

이쯤 되자 이자겸은 높아진 권세만큼 교만도 하늘을 찔렀다. 자신의 집 이름에 왕실에서나 쓸 수 있는 '궁'宮이라는 칭호를 붙였고, 자신의 생일을 인수절仁壽節이라 하며 기념일로 정했다. 교만의 절정은 이자겸이 스스로를 지군국사知軍國事라고 일컬은 것이다. 이는 이자겸이 신하를 송나라로 보내 표문을 올리고 토산물을 바칠 때 사용한 용어인데, 자신이 나라의 모든 일을 맡고 있다는 뜻이었다. 사실상 스스로를 '왕'이라고 여긴 것이다. 심지어 인종에게 자신의 집에 와서 정식으로 지군국사에 책봉해 줄 것을 요청했고, 책봉식 시간까지 마음대로 정했다.

제거 시도, 실패

인종은 비록 어린 나이였지만, 일찍이 이자겸 국정농단의 심각성과 그의 교만함을 충분히 인지하고 있었다. 그러나 이자겸의 권세에 눌려 상황을 관망하다가 지군국사 책봉 요구에서 결국 참았던 화가 폭발하고 말았다. 1126년, 18세가 된 인종은 은밀히 측근들을 불렀다. 이 자리에서 인종은 외할아버지이자 장인인 이자겸의 제거를 바라는 본인의 의중을 처음으로 드러냈다. 이에 내시지후 김찬, 내시녹사 안보린, 동지추밀원사 지녹연 등은 상장군 최탁, 오탁, 대장군 권수, 장군 고석 등과 모의해 이자겸 제거와 관련한 구체적인 계획을 세워 인종에게 보고했다. 신중한 인종은 김찬을 평장사 이수와 전평장사 김인존에게 보내 해당 계획에 대한 의견을 물어보게 했다. 그런데 이수와 김인존은 "그^{이자겸}의 무리가 조정에 가득해 경솔히 움직일 수 없으니, 시기를 기다리도록 해야 한다"라며 사실상 반대 의사를 표명했다.

하지만 인종은 끝내 뜻을 굽히지 않았고, 측근들에게 이자겸 제거 계획을 실행하라고 명했다. 명을 받은 인종의 측근들은 우선 초저녁에 군사들을 이끌고 궁궐로 진입해 이자겸의 최측근이었던 '척준경'의 동생 척준신과 아들인 내시 척순 등을 척살刺殺*했다. 그런데 이 소식이 이자겸과 척준경에게 신속하게 전달됐다. 이자겸은 척준경 및 백관 등을 급히 소집해 대책을 논의했는데, 이 때 척준경이 상황이 긴급하다며 자리를 박차고 나간 후 곧장 군사들을 이끌고 궁궐 세번째 문인 신봉문神鳳門 쪽으로 쳐들어갔다. 척준경은 우리나라 역사상 세 손가락 안에 드는 자타공인 맹장 중의 맹장이었다.

예상보다 재빠른 척준경의 반격에 놀란 인종의 측근들은 제대로 된 대응을 하지 못하고 궁궐 안에서 숨죽이고 있었다.

---

* 칼 따위로 찔러 죽임

척준경은 전투에 쓰이는 기구를 보관하는 창고인 군기고軍器庫도 습격한 후 궁궐 남쪽 벽의 성문인 승평문昇平門을 포위했다. 상황이 심상치 않게 돌아가고 있다는 것을 직감한 인종은 직접 신봉문으로 와서 척준경 등에게 무장을 해제하고 해산할 것을 명했다. 그러나 자신의 혈족들이 살해당한 것을 확인한 척준경은 이성을 잃은 상태였고, 왕의 코앞까지 화살을 쏘게 했다. 그리고 이자겸은 합문지후 최학란과 도병마녹사 소억 등을 인종에게 보내 "난을 일으킨 자를 내주지 않으면 궁궐이 위험해 질 것"이라고 경고했다. 이미 이자겸과 척준경은 이 사건의 배후에 인종이 있다는 것을 알고 있었다.

하지만, 인종은 측근들을 내놓으라는 이자겸의 요구를 묵살했고, 이에 이자겸은 척준경 등에게 궁궐을 공격하라고 명했다. 공격이 시작된 후 얼마 지나지 않아 척준경의 군사들에 의해 궁궐 동화문東華門에 큰 불이 났고, 짧은 시간에 번져 궁궐은 모두 불타버리고 말았다. 인종은 소수의 신하들만을 대동한 채 급히 다른 곳으로 피했다. 궁궐을 완전히 장악한 이자겸과 척준경은 거사를 주도한 상장군 최탁, 오탁 등을 그 자리에서 죽였다. 아울러 김찬과 지녹연 등은 멀리 유배를 보냈다.

거사 실패 직후 신변의 위협을 느낀 인종은 이자겸에게 양위 의사를 밝혔다. 이자겸을 제거하고 왕권을 드높이려 했던 인종은 되레 굴욕적으로 왕위를 빼앗기고 고려 왕조의 멸망마저 불러올 위기에 처했다. 인종은 조서를 내려 이자겸에게 양위할 것을 청했고, 이자겸도 처음에는 이를 받으려고 했다. 그런데 재종형제인 이수가 "주상께서 비록 조서를 내리더라도 이공^{이자겸}이 어찌 감히 그 같은 일을 하겠나"라고 고함을 쳤다. 이 순간 이자겸은 마음을 돌리고 "신은 두 마음을 품지 않았으니 깊이 양찰^{諒察*}하소서"라며 눈물을 흘렸다. 이자겸 입장에서는 주변에 보는 눈들이 많으니 선뜻 왕위를 받기보단 일단 상황을 지켜보고 훗날을 도모할 생각이었던 것으로 보인다.

이후 인종은 한동안 이자겸에게 완전히 짓눌려 살게 됐다. 이자겸은 인종을 아예 자신의 집 서원에 연금했고, 국정을 전혀 살피지 못하게 했다. 오히려 이자겸이 모든 국정을 통할^{統轄}했다. 심지어 이자겸은 이씨가 왕위에 오른다는 '십팔자도참설'^{十八子圖讖說}을 믿고 두 차례에 걸쳐 왕을 독살하려고도 했다. 그러나 이자겸의 딸인 왕비가 기지^{機智}를 발휘해 인종은 겨우 목숨을 부지할 수 있었다.

뜻밖의 간극

인종은 어려운 상황에 처해있었지만, 그래도 어느 정도의 강단^{剛斷}은 있었던 것으로 보인다. 이자겸을 제거하고 왕정^{王政}

---

* 다른 사람의 사정 따위를 헤아려서 살핌

을 복고復古할 의지를 쉽사리 버리지 않았던 것이다. 인종은 다시금 최측근이었던 내의군기소감 최사전 등을 은밀히 불러 관련 계획을 논의했다.

논의 결과 인종은 이자겸과 척준경 사이의 틈을 노려보자는 결론에 도달했다. 당초 이자겸과 척준경의 관계는 매우 돈독했지만, 시간이 갈수록 이자겸이 척준경을 도외시하는 모습을 나타냈다. 특히, 무슨 문제가 생기면 이자겸은 이에 대한 책임을 척준경에게 돌리는 일이 다반사였다. 이에 따라 이자겸을 향한 척준경의 불만은 날로 높아져 갔다. 척준경의 입장에서는 이자겸을 돕다가 자신의 동생과 아들까지 잃었는데, 돌아오는 것은 부당한 대우라고 생각했을 법하다.

이런 상황에서 인종은 최사전을 시켜 은밀히 척준경에게 교서敎書를 전달했다. 교서에는 "모두가 과인의 죄이다. 지난 일은 생각하지 말고 마음을 다해 보필해 후환이 없도록 하라"라는 내용이 담겨있었다. 다시 말해 인종은 척준경에게 동생과 아들을 잃게 만들었던 지난 일은 잊어버리고, 종묘사직宗廟社稷*을 위해 이자겸을 제거하는 큰 공을 세울 것을 간곡히 부탁한 것이다. 이로 인해 척준경의 마음은 조금씩 흔들리기 시작했다.

그런데 뜻밖의 지점에서 척준경의 마음이 확실하게 돌이

* 왕실과 나라를 통틀어 이르는 말

키게 되는 사건이 발생했다. 이자겸의 아들인 이지언의 종과 척준경의 종 사이에서 다툼이 벌어졌는데, 이지언의 종이 "너의 주인척준경이 저위군주가 조회하는 곳에 활을 쏘고 궁궐을 불태웠으니 그 죄는 죽어 마땅하다"라는 극언을 했다. 자신의 종에게서 이 말을 전해 들은 척준경은 대노했고, 결국 이자겸에게서 완전히 등을 돌렸다. 이자겸은 오랜 시간 자신을 든든하게 보필해 준 맹장을 잃을 수 있다는 생각에 초조해졌고, 즉각 동생을 보내 화호和好를 청했다. 하지만 척준경은 이를 받아들이지 않았고, 고향으로 돌아가 여생을 보내겠다고 선언했다. 이로써 이자겸과 척준경의 사이가 완전히 틀어지게 된 것을 직감한 인종은 김부식의 형인 지추밀원사 김부일을 척준경에게 보내 이자겸 제거를 독촉했다.

이 즈음 이자겸의 야심은 노골화되고 있었다. 인종이 연금에서 벗어나 복구된 궁궐로 돌아가자 이자겸은 다방면으로 인종을 감시했고, 자신의 사병인 숭덕부군崇德府軍을 무장시켜 여차하면 궁궐로 쳐들어가려고 했다. 더욱이 앞서 언급한 대로 '십팔자도참설'을 맹신한 나머지 인종 독살을 시도하기도 했다. 결국, 이자겸은 스스로 왕위에 오르려고 했던 것이다.

가뜩이나 왕의 간곡한 요청을 무시하지 못하고 있던 척준경은 이 같은 이자겸의 반역적인 행태를 더 이상 지켜볼 수 없었나. 마침내 척준경은 왕의 뜻에 따를 것이라는 의사를 전달했다. 이후 1126년 5월 20일에 이자겸의 숭덕부군이 궁궐을 침범하려는 움직임을 보이자 인종은 손수 "짐이 해를 당해 왕조가 다른 성씨로 바뀐다면 짐의 죄만이 아니라 보필하는 대신도 수치스러운 일이니 대책을 잘 강구하라"라는 밀지를 써서 척준경에게 보냈다. 이를 받아 본 척준경은 상황의 급박함을 인지하고 제대로 무장도 하지 않은 소수의 장교 및 관노 등을 이끌고 궁궐로 진격했다. 순검도령 정유황도 일단의 군사들을 이끌고 궁궐로 향했다.

척준경 등의 군대가 궁궐로 진입하자 환관 조의가 이들을 안내했고, 궁궐 전각인 천복전天福殿 문에서 척준경을 기다리고 있던 인종을 호위해 밖으로 나가려고 했다. 그러자 이자겸의 군사들이 인종에게 활을 쏘려고 했는데, 이때 척준경이 크게 호통을 치면서 무위無爲에 그치고 말았다. 역사상 최고의 맹장 중 한 명으로 손꼽혔던 척준경의 기개氣槪는 실로 거칠 것이 없었다. 인종을 무사히 호위하는 것이 성공한 후 척준경은 승선 강후현에게 이자겸과 그의 처자식들을 체포하고 이자겸 추종세력을 척살하라고 명했다. 이에 따라 이자겸 일가는 팔관보八關寶에 갇혔고, 이자겸을 따르던 장군 강호와 고진수 등은 죽임을 당했다. 오랜 기간에 걸쳐서 일어났던 이자겸의 난이 마침내 진압되자 인종은 광화문廣化門으로 나가 "대역부도大逆不道

의 화가 궁궐 안에서 일어났으나 충신·의사의 의거로 그 해를
제거했다"고 선언했다.

왕정 복고, 모순 심화

정변 다음날 이자겸과 그의 처자식들, 심복 및 노비들이 모
두 유배를 갔다. 그리고 인종의 비였던 이자겸의 두 딸은 폐비
가 됐다. 이자겸은 전라도 영광으로 유배를 간 후 1126년 12월
그 곳에서 세상을 떠났다. 한 시대를 주름잡았던 인물치고는
매우 쓸쓸한 최후를 맞았다. 반면, 이자겸을 몰아내는데 공을
세운 척준경, 최사전, 이수 등은 공신호와 높은 관작을 제수받
았다. 특히 척준경은 일등 공신으로서 한동안 실권을 거머쥐었
는데, 한 때 종1품 중서문하성의 수상직인 문하시중^{門下侍中}에
까지 올랐다가 스스로 그것보다 다소 낮은 정2품 문하시랑^{門下}
^{侍郎}직을 받았다.

그러나 척준경의 권세도 오래가지 못했다. 척준경은 높은
자리에 오르면서 교만해졌고, 지나치게 발호하는 모습을 보였
다. 이에 1127년 3월 좌정언 정지상 등이 "궁궐을 침범하고 불
사른 것은 만세^{萬世}의 죄"라면서 척준경을 탄핵했고, 인종은 그
를 암타도^{巖墮島}에 유배보냈다. 척준경은 그 이듬해에 고향인
곡주^{谷州}로 옮겨졌고, 적지 않은 시간이 흐른 후 등창으로 숨졌
다. 직후에 인종은 이자겸과 척준경 세력 및 그 자손들의 죄상

을 낱낱이 기록해 담당 관청에 보관하도록 했다.

이렇게 이자겸과 척준경 등이 몰락하면서 고려는 형식적으로나마 왕정을 복고했다. 다만, 왕권이 강화되거나 문벌귀족 사회의 모순이 일소一掃된 것은 결코 아니었다. 오히려 인주 이씨를 대체하는 다양한 문벌귀족 및 신흥 세력이 등장했고, 그들 간의 갈등과 분열이 심화됐다. 대표적인 문벌귀족 세력으로는 경주 김씨김부식, 경원 이씨이수, 정안 임씨임원애 등이 있었다. 여기에 더해 척준경 탄핵을 주도한 정지상, 그리고 승려 묘청, 점성가 백수한 등을 중심으로 한 서경 출신 신진관료들이 급부상했다.

결국, 얼마 지나지 않아 김부식 등의 개경 귀족과 정지상 등의 서경 귀족 간에 서경천도 및 금金나라 정벌 등을 놓고 정면충돌이 발생하게 된다. 이처럼 귀족들 사이에서의 연이은 갈등과 분열로 인해 고려는 정치·사회적으로 기강이 문란해지며 크게 흔들렸다. 민심 이반도 보다 뚜렷하게 나타났다. 아울러 이 와중에도 귀족들의 특권 독점과 '문치'文治*주의가 성행했는데, 이는 추후 문신 귀족들에 대항한 무신들의 거사인 '무신정변'으로 이어져 고려 문벌귀족 사회는 끝내 붕괴의 길로 들어서게 된다.

---

* 학문과 법령으로 세상을 다스림. 또는 그런 정치

조선 역사 1천년 이래 제1대 사건

: 자주와 사대의 격돌
  서경천도운동 및 묘청의 난 전말

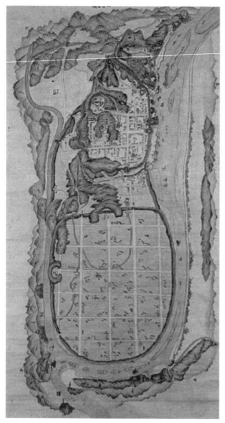

고려 삼경 중 하나인 서경과 그 일대를 그린 조감도 _ 고려대학교 박물관

"서경 전투에서 양편 병력이 서로 수만 명에 지나지 않고 전투의 기간이 2년도 안 되지만, 그 결과가 조선 사회에 끼친 영향은 고구려의 후예요 북방의 대국인 발해 멸망보다도 몇 곱절이나 더한 사건이니 대개 고려에서 이조에 이르는 1천 년 사이에 이 사건보다 더 중요한 사건이 없을 것이다"_신채호『조선사연구초』中

1127년, 고려는 문벌귀족 등 지배층의 갈등과 왕권 약화, 금金나라의 압박 등 대내외적으로 극심한 어려움을 겪고 있었다. 이를 타개하고자 정치 개혁을 모색하고 있던 인종에게 한 승려가 혜성처럼 나타났다. 바로 '정심'淨心이라는 이름으로도 알려져 있던 서경 승려 '묘청'妙淸이다.

묘청을 중심으로 한 '서경파'는 '지덕쇠왕설'地德衰旺說*을 내세우며 지금의 평양인 서경으로의 천도를 강하게 주장했다. 아울러 왕을 '황제'라 칭하고 독자적인 연호를 사용함과 동시에 금나라를 정벌하자는 파격적인 주장을 펼쳤다. 그러나 김부식 등 문신 귀족들이 중심이 된 개경파에게 밀려 역사의 뒤안길로 사라졌다.

단재 신채호 선생 등은 이 같은 '서경천도운동'西京遷都運動

---

* 지덕이 쇠퇴한 곳에서 왕성한 곳으로 도읍을 옮겨야만 왕실과 국가가 융성해진다는 설

및 '묘청의 난'에 큰 의미를 부여했다. 즉 자주적이고 진취적인 역사의 흐름을 대변하는 거대한 움직임이었다는 것이다. 그러면서 개경파가 중심이 된 '반동'反動과 극명하게 대비시켰다. 신채호는 "역대의 사가들이 다만 왕의 군대가 반란의 무리를 친 싸움 정도로 알았을 뿐이었으나 이는 근시안적인 관찰이다. 그 실상은 낭불양가 대 유가의 싸움이며 국풍파 대 한학파의 싸움이며 독립당 대 사대당의 싸움이며 진취사상 대 보수사상의 싸움이니, 묘청은 곧 전자의 대표요, 김부식은 곧 후자의 대표였던 것이다"라고 전했다.

다만, 신채호 선생은 묘청이 광망狂妄하여 준비가 너무 안 된 상태로 성급하게 난을 일으켜 주변 사람들을 사지에 빠뜨리고 대의를 그르쳤다고 평가하기도 했다. 그러면서 중대한 역사의 분기점分岐點에서 묘청 등 서경파가 패배함으로써 우리나라 역사는 다시금 보수 사대주의事大主義 고착화라는 퇴행의 길로 나아가게 됐다고 결론지었다.

결국, 중대한 역사의 분기점分岐點에서 묘청 등 서경파가 패배함으로써 우리나라 역사는 다시금 보수 사대주의事大主義 고착화라는 퇴행의 길로 나아가게 됐다고도 평가했다. 신채호가 조선사 1천 년 이래 제1대 사건이라고 규정한 '서경천도운동' 및 '묘청의 난' 전말을 되돌아봤다.

개혁 모색과 묘청의 등장

1126년 왕실 외척이었던 이자겸의 난 이후 고려 조정은 한동안 뒤숭숭한 분위기가 계속됐다. 반란은 진압됐지만 지배층 내부의 갈등은 상존하고 있었고, 왕권은 여전히 중심을 잡지 못하고 흔들리는 기색이 역력했다. 더욱이 대외석으로는 북방의 요나라와 북송이 멸망한 후 여진족의 금나라가 큰 세력을 형성해 압박하고 있었다.

이런 상황에서 당시 고려의 제17대 왕이었던 인종仁宗은 더 이상의 혼란상을 좌시하지 않고 난국을 수습하기 위해 이전과는 달리 과감한 개혁에 나서기로 마음 먹었다. 그러던 중 명망名望 있던 문신인 '정지상'이 인종에게 접근해 묘청이라는 한 승려를 추천했다. 정지상은 묘청을 '성인'으로 추켜세우며 그가 바로 정치 개혁의 적임자라고 평가했다. 서경 출신이었던 정지상은 인종에게 눈엣가시였던 척준경을 제거하는데 공을 세웠고, 시문詩文에 뛰어나 언관직을 담당할 만큼 역량을 인정받았던 인물이었다.

묘청에 대한 지지는 비단 정지상 뿐만 아니라 일부 관원들에게서도 나타났다. 정지상과 일부 관원들이 일개 한 승려에게 이처럼 경도傾倒된 것은 그가 음양陰陽의 대가이자 '서경 천도'라는 매력적인 주장을 강하게 전파하고 다녔기 때문이다.

믿을 만한 사람들이 추천하고 정치 개혁에 대한 강한 의지를 갖고 있던 인종은 묘청에게 상당한 관심을 보이기 시작했다. 그러면서 인종은 1127년 2월 ~ 7월에 서경에 머무르며 묘청 등을 만났고, 그들의 건의를 받아들여 서경에 15개 조항으로 구성된 유신령維新令을 선포했다. 여기에는 민생 안정과 왕권 강화, 올바른 관료 정치의 확립 등이 담겼다. 이는 곧 있을 서경천도운동의 서막이었다.

서경천도운동

유신령이 선포된 후 대세人勢가 자신들에게 넘어오고 있다고 직감한 묘청과 정지상, 백수한 등은 자신들이 오랫동안 염두에 뒀던 서경 천도 카드를 꺼내 들었다. 현재 수도인 개경은 지덕地德이 쇠퇴한 반면 서경은 이것이 왕성해 만약 서경으로 수도를 옮기게 되면 주변 36개국이 조공을 바치게 될 것이라고 전했다.

이 같은 주장은 태조 왕건 때부터 고려가 표방했던 '북진北進 정책'과 궤를 같이 하는 것이었고, 다른 한편으로는 신흥 세력이었던 서경파가 기득권이었던 개경파를 제치고 중앙 정치의 주도권을 잡으려는 의도도 내포돼 있었다.

서경 천도를 위해 묘청 등은 일단 서경의 임원역林原驛 지역에 신궁 건설을 주청했다. 개경파의 반대가 있었지만 이미 서경파의 주장에 적지 않게 매혹된 인종은 이를 허락했고, 이로써

1129년 2월에 서경에 대화궁大花宮이 세워졌다. 신궁 건설은 한 겨울이었음에도 불구하고 빠르게 진행돼 불과 3개월 만에 완공됐다. 이후 1131년에는 임원궁성을 쌓는 한편 토착신을 숭배하는 팔성당八聖堂도 지어졌다.

개경파와 서경파 갈등

서경 대화궁 건설은 서경파에게 강한 자신감을 심어줬다. 이들은 더 이상 거칠 것이 없이 한발 더 나아간 주장을 펼쳤다. 바로 칭제건원稱帝建元과 금나라 정벌이다. 칭제건원은 군주를 황제라 칭하고 독자적인 연호를 사용하자는 것이다. 서경파의 일원이었던 동경지례사東京持體使 서장관書狀官 최봉심은 "장사 1000명만 주면 금나라에 들어가 그 왕을 사로잡아 바칠 수 있다"라고도 공언했다.

태조 왕건 때부터 고려는 명목상으로는 북진 정책을 표방했지만, 시간이 갈수록 사대주의事人主義의 길로 나아가는 모습을 보였다. 인종 대에 이르러서도 실권자였던 이자겸은 금나라의 불합리한 요구를 거의 대부분 들어주며 자신의 권력을 보전하기도 했다.

이런 상황에서 서경파의 금나라 정벌 주장은 매우 과감하고 파격적인 것이었다. 당초 인종도 이 주장에 내심 동조하는 눈치였다. 하지만, 삼국사기의 저자인 김부식 등을 중심으로 한 개경파가 더 이상 가만히 있지 않았다. 안정과 권력 유지에 치중했던 보수적인 개경파에게 금나라 정벌 주장은 분명 커다란 위협 요인으로 다가왔다.

개경파는 인종에게 금나라 정벌은 고려의 국력을 감안할 때 현실적으로 힘들고, 묘청 등 서경파는 요망妖妄스러워 믿을 수 없다는 상소를 올렸다. 심지어 임완 등 일부 개경파 사람들은 묘청 등이 왕을 기만欺瞞하고 있으니 척살해야 한다고도 주장했다.

개경파의 극렬한 반대로 상황이 이전처럼 순조롭게 돌아가지 않자 서경파는 마음이 급해졌다. 서경파는 왕을 잇따라 만나 서경 천도의 필요성을 주장했고, 급기야 각종 술책術策을 부리다가 탄로가 나기도 했다. 어느 날 인종이 서경으로 행차해 대동강에서 뱃놀이를 즐길 때 물 위로 기름이 떠올랐고, 이것이 햇살을 받아 오색찬란한 빛을 내었다. 이는 마치 무지개가 뜬 것처럼 보였다. 이상하게 여긴 인종이 묘청에게 빛이 나는 연유緣由를 묻자 묘청은 "임금의 은혜에 감은感恩해 신룡神龍이 토한 오색구름이며, 서경이 왕도가 될 상서로운 징조"라고 했다.

그러나 뱃놀이 후에 개경파 중 한 사람이 물 밑을 조사해 봤더니, 기름이 오색으로 물들인 떡 시루 밑에서 흐르고 있는 것을 발견했다. 묘청 등은 사전에 오색 떡을 만들고 여기에 기름을 부어 강으로 흘러내리게 했던 것이다. 이 같은 거짓된 행동은 결과적으로 서경파에 대한 신뢰를 떨어뜨리는 요인이 됐다. 더욱이 대화궁이 완공된 이듬해에는 서경 중흥사 탑에 화재가 발생했고, 인종의 서경 행차 시 폭우 및 돌풍으로 왕과 시종들이 큰 피해를 입는 일도 있었다. 이에 따라 서경파의 풍수지리설風水地理說*에 근본적인 의구심을 제기하는 사람들이 점점 늘어났다.

연이은 악재로 인종의 마음도 묘청 등 서경파에게서 조금씩 멀어졌다. 이후에도 서경파는 지속적으로 서경 천도를 주장했지만, 인종은 침묵으로 일관했다. 그 사이 개경파의 입김은 더욱 거세지고 있었다. 이 즈음 인종의 심리 상태는 매우 복잡했던 것으로 보인다. 이전에 비해 서경파와 거리를 두기는 했지만, 그렇다고 서경파의 주장을 완전히 물리치지도 않았고 북진 정책의 미련을 버리지도 못했다.

하지만, 머지않아 인종은 서경 천도를 완전히 단념하게 된다. 1134년 2월, 서경파의 거듭된 요청에 인종은 서경의 대화궁으로 행차했는데, 이상한 이변들이 발생했다. 인종과 신하들이 대동강에서 뱃놀이를 할 때 별안간 폭풍이 휘몰아쳐 술상이 엎어지고 배의 장막이 찢겼다. 이에 놀란 인종이 개경으로 돌아간 후에도 서경에는 때 아닌 눈과 서리가 내려 인명 및 농작

---

* 산세, 자세, 수세 등을 판단하여 이것을 인간의 길흉화복에 연결시키는 설

물의 피해가 발생했고, 여름에는 가뭄의 피해도 극심했다. 결국, 이 같은 일을 겪은 후 개경파는 향후 인종의 서경 행차를 반대했고, 인종도 서경 천도 및 행차를 완전히 포기하기에 이른다.

묘청의 난

서경 천도의 꿈이 사실상 수포로 돌아가자 서경파는 1135년 1월에 서경을 거점으로 반란을 일으켰다. 서경파가 언제부터 반란을 모의했는지를 나타내는 기록은 구체적으로 존재하지 않지만, 일사분란하게 반란을 일으키고 단기간에 주변 지역을 장악한 것을 보면 사전에 충분히 반란을 준비했을 것으로 추정된다. 특히, 묘청의 난은 단순한 반란이 아니었다. 묘청은 국호를 '대위大爲', 연호를 '천개天開'라 명명했고, 자신들의 군사를 천견충의군天遣忠義軍이라고 부르며 자주적인 독립 국가 건설을 선포하기까지 했다.

아울러 묘청의 곁에는 분사시랑 조광, 병부상서 유참, 사재소경 조창언, 안중영 등이 있었다. 이들은 왕명을 빙자憑藉해 서경 부유수 최재, 감군사 이총림, 어사 안지종 등을 체포, 구금했고, 가짜 승선 김신을 파견해 서북면 병마사 이중과 그의 막료들, 각 성의 지휘관을 체포해 서경의 소금창고에 가두었다. 뒤이어 여러 성의 군사들을 모집했고, 약 3개 경로를 통해 개경으로 쳐들어가려는 계획도 세웠다.

이 같은 반란 소식을 접한 인종은 당장 무력으로 진압하는 것이 아니라 서경으로 사람을 보내 설득하고자 했다. 그러나 서경파는 요지부동搖之不動이었다. 즉각 왕이 서경으로 행차하고 천도를 단행할 것을 요구했다. 개경파는 더 이상 참지 못하고 인종에게 서경파를 완전히 토벌해야 한다고 강하게 주장했다. 결국 인종은 이를 받아들였고, 김부식을 중심으로 한 관군이 서경으로 진격했다.

반란군은 초반에 자비령慈悲嶺을 포함한 서북 일대를 신속하게 장악하며 기세를 올렸다. 하지만 관군이 안북부安北府로 나아가자 서경파의 영향력 하에 있던 여러 성이 관군에 동조하기 시작했다. 김부식은 서경파의 핵심인 조광에게 항복할 것을 권고했고, 전세의 불리함을 느낀 조광은 묘청 등을 척살한 뒤 개경에 사람을 보내 항복하겠다고 했다. 그러나 금세 생각이 바뀌어 다시 관군과 싸울 것을 결의했고, 인종이 재차 회유하러 보낸 사람들을 죽이기까지 했다.

이에 대응해 김부식의 관군은 대동강 주변에 진을 친 후 반란군을 포위, 압박했다. 반란군도 나름대로 결사항전 할 태세를 갖추고 약 1년 동안 버텼지만, 관군의 포위망에 갇혀 식량 부족 등에 시달리다 결국 완전히 진압되기에 이르렀다. 조광 등을 포함한 반란군 핵심들은 모두 자결自決을 선택했다.

과거로의 회귀

묘청의 난이 진압된 후 서경 출신 세력은 완전히 몰락했다. 반대로 개경의 문신 귀족들은 기득권을 더욱 공고히 다졌다. 문신 귀족들은 조정의 요직과 경제력 등을 독점했고, 무신들을 홀대하고 심지어 왕까지 가볍게 보는 모습을 나타냈다. 이는 추후에 무신정변武臣政變을 발생시키는 원인이 된다.

아울러 자주성이 퇴색하고 보수 사대주의가 고착화 됐다. 특히 개경 문신 귀족들의 거두巨頭였던 김부식은 사대주의에 기반했다고 평가를 받는『삼국사기』三國史記를 출간해 이 같은 사회 분위기 고착화에 큰 영향을 미쳤다. 신채호는 "김부식이 승리해 조선 역사가 사대적 보수적 속박적 사상, 즉 유교 사상에 정복되고 말았거니와 만일 이와 반대로 묘청이 승리했다면 독립적 진취적 방면으로 나아갔을 것"이라고 개탄했다. 이후 고려는 말기인 공민왕恭愍王, 제31대 왕 때까지 제대로 된 자주성을 좀처럼 보여주지 못했다.

고려 문신들의 씨를 말리다

: 100년 무신집권기의 서막
  이의방, 정중부의 무신정변 전말

경남 거제 둔덕기성. 무신정변 때 의종이 유폐돼 이곳에서 지냈다는 이야기가 전해진다.
현지에서는 '폐왕성'이라고도 불린다. _ 문화재청

"…중략…이에 승선 이세통, 내시 이당주, 어사 잡단 김기신, 사천감 김자기, 태사령 허자단 등 모든 호종扈從한 문관文官 및 대소신료大小臣僚 환시宦寺가 모두 해害를 만나매, 쌓인 시체가 산山과 같았다. 처음에 정중부, 이의방 등이 약속하기를 우리들은 오른 소매를 빼고 복두頭를 벗을 것이니 그렇지 않은 자는 다 죽여라라고 하였으므로 무인武人으로서 복두를 벗지 않은 자 또한 많이 피살被殺되었다. 왕이 크게 두려워하여 그 뜻을 위로하고자 제장諸將에게 칼을 하사하니, 무신武臣들이 더욱 교만해져서 횡포하였다." _『고려사절요』中

10세기 이후 문치주의文治主義를 근간으로 하는 고려 사회를 뿌리채 뒤흔드는 정변이 발생했다. 당시 정3품 상장군上將軍인 정중부와 견룡행수牽龍行首 이의방, 이고 등을 중심으로 한 무신들이 조정의 문무文武 요직을 장악하고 경제력마저 독점하고 있던 문신들을 왕 앞에서 대거 척살刺殺했다. 그동안 중앙정치 무대에서 소외되고 문신들의 등쌀에 온갖 수모를 당했던 무신들이 더 이상 참지 못하고 정변을 단행한 것이다.

무신정변 이후 고려 사회는 100년에 이르는 엄혹한 '무신집권기'에 들어갔다. 정제되지 못하고 거칠었던 무신 세력들은

---

* 남의 권리나 인격을 짓밟음

힘으로 모든 상황을 통제하려 했고 왕권을 유린蹂躪*했으며 상호 간 치열한 권력 투쟁을 벌이기 일쑤였다. 이에 따라 무신집권기 동안 왕은 허수아비에 불과했고 최고 권력자는 계속 바뀌면서 고려 사회는 좀처럼 혼란의 도가니에서 빠져나오지 못했다. 문신들의 씨를 말리며 고려 사회의 근간을 뒤흔들었던 무신정변 전말을 되돌아봤다.

고려 사회의 문치주의

태조 왕건王建이 고려를 건국 할 때 그 주변에는 건국에 일조한 수많은 무신들이 있었다. 이들은 이른바 공신功臣 세력을 형성해 갓 태어난 고려 왕조의 중심에 위치했다. 심지어 2대 왕 혜종惠宗과 3대 왕 정종定宗 교체기에 무신들이 대거 동원돼 정치적 변화를 주도하며 그 영향력을 입증하기도 했다.

그러나 4대 왕인 광종光宗 대에 이르러 변화의 바람이 불기 시작했다. 광종은 왕권을 강화하고 비대해진 무신들의 영향력을 제어하기 위해, 중앙정치 무대에서 무신들을 배제하고 문신들을 대거 등용하거나 요직에 앉혔다. 문신들의 대표적인 정계 진출 통로인 과거제科擧制도 이 때 처음 시행됐다. 이로써 문치주의文治主義의 시대가 열린 것이다.

이후 조정에서 문신들은 비단 자신들 본연의 영역에만 있는 것이 아닌 무신들의 영역도 잠식蠶食했다. 고려 시대 군사를 맡아보던 관청인 병부^{兵存}의 고위직도 문신들이 차지했다. 기실 외침이나 내란을 평정하면서 유명해진 강감찬, 윤관, 서희 등도 모두 무신이 아닌 문신들이었다. 문무의 양권을 손에 쥔 문신들은 경제력도 독점해나갔다. 문신들은 대외 무역 등을 통해 부를 계속 축적했고, 심지어 백성들의 토지를 마음대로 갈취하기도 했다. 이에 따라 토지를 **빼앗겨** 유리걸식^{流離乞食}*하는 백성들이 급격히 증가했다.

무신들의 수모와 거사 모의

문신들의 전성기는 무신들에게는 재앙^{災殃}과도 같았다. 우선 문무를 넘나들며 요직을 꿰찼던 문신들과 달리 무신들은 정2품 이상의 관직은 감히 넘볼 수도 없었다. 정3품 상장군이 무신들이 올라갈 수 있었던 관직의 최대치였다. 더욱이 과거제인 문과^{文科}를 통해 정식으로 등용되는 문신들과 달리 무신들은 이와 비슷한 무과^{武科}도 없어 태생적인 한계를 노정^{露呈}할 수밖에 없었다.

아울러 왕이 궁궐 밖으로 나가 문신들과 연회를 할 때, 무신들은 여기에 결코 참여하지 못했고 그저 호위병의 역할만 수행해야 했다. 그나마 최고 관직이었던 상장군도 이 역할에 그쳤

---

* 정처 없이 떠돌아다니며 밥을 먹음

다. 특히, 당시 고려의 18대 왕이었던 의종毅宗은 주색酒色을 밝혀 시도 때도 없이 연회를 열며 무신들을 호위병으로 부렸다.

상황이 이렇자 당시 무신들과 그들의 중심 인물이었던 상장군 정중부, 견룡행수牽龍行首 이의방, 이고 등의 분노는 하늘을 찌를 듯 했다. 결국 이들은 거사를 모의하기에 이른다. 1170년 4월, 의종이 화평재和平齋로 행차했을 때 경치 좋은 곳에 다다르자 문신들과 또 다시 연회를 벌이기 시작했다. 이 때도 무신들은 상장군부터 일개 병사 할 것 없이 호위병의 역할을 수행하고 있었다.

정중부가 잠시 자리를 비우자 이의방과 이고는 뒤쫓아가 정중부에게 거사의 필요성을 처음으로 피력했다. 문신들은 밤새 마시고 배불리 먹고 있는데, 무신들은 굶주리고 피곤한 세월이 계속되고 있으니 더 이상 참을 수 없다는 것이었다. 정중부도 이 주장에 적지 않게 공감했다. 정중부 본인도 이전에 문신인 김부식의 아들 김돈중으로부터 수염이 촛불로 태워지는 수모를 당한 적이 있었다. 그러나 정중부는 일단 상황을 좀 더 지켜보고 숙고熟考하자며 신중한 태도를 보였다.

무신정변

화평재 행차 이후에도 의종의 사치스러운 연회는 자주 열렸고, 문신들의 오만함과 무신들의 수모는 계속됐다. 이전과 비교해 상황은 전혀 달라진 것이 없었다. 아니 오히려 의종의 총애에 기대 함부로 나대는 환관 한뢰와 임종식 등의 안하무인 眼下無人*적인 행태는 더욱 심화됐다.

결국, 1170년 8월에 정중부는 이의방, 이고 등을 불러 거사를 단행하기로 결정했다. 거사 당일 의종은 개경의 덕적산 남쪽에 있는 흥왕사興王寺로 행차했다. 정중부와 이의방 등은 의종이 흥왕사에서 궁궐로 바로 환궁한다면 일단 거사를 미루겠지만, 만약 보현원普賢院으로 이동한다면 그 곳에서 거사를 단행하기로 합의했다.

고려의 운명의 여신은 후자를 택했다. 의종은 보현원으로 이동하기로 했고, 오문五門 앞에 이르러 갑자기 무신들로 하여금 '오병수박희'五兵手搏戱를 하라고 명했다. 오병수박희는 무신들 간에 무예를 겨루는 대회였다. 물론 문신들은 의종과 함께 술을 마시며 이를 즐겁게 관전할 것이었다.

엎친 데 덮친 격이라고 해야 할까. 바로 이 자리에서 사실상 무신정변의 직접적인 도화선導火線이 되는 중요한 사건이 발생했다. 당시 대장군이었던 이소응이 오병수박희에 참가했는데, 이소응이 대회 도중 힘에 부쳐 뒤돌아섰을 때 환관인 한뢰가 그 앞에 나와 패기가 없다며 노장군의 뺨을 후려쳤다. 물리적인 충격으로 이소응은 섬돌 아래로 떨어졌다. 그러자 의종과 문신들은 손뼉을 치며 크게 웃었다.

임계점臨界點을 넘어선 무신들은 당장이라도 칼을 뽑으려고 했지만, 정중부는 일단 눈짓으로 말리고 한뢰 앞으로 가서 "정3품 벼슬인 이소응에게 너 같은 사람이 모욕을 주느냐"며 크게 꾸짖었다. 이에 놀란 의종이 직접 정중부를 진정시키며 오병수 박희에서의 상황은 종료됐다.

하지만, 이제 주사위는 던져 진 셈이었다. 저녁 무렵 의종이 보현원에 이르자 마침내 이의방과 이고는 행동에 들어갔다. 그들은 우선 왕명이라고 기만하며 순검군巡檢軍*을 집합시켰다. 의종이 보현원 내부로 들어간 후 나머지 신료들이 각자의 처소로 물러나려 할 때, 순검군을 동원한 이의방과 이고는 그 자리에서 임종식과 이복기 등 신료들을 대거 척살했다. 이를 본 한뢰는 곧바로 보현원 내부의 의종에게 달려가 왕의 침상 아래로 숨었다.

의종이 보현원 내부로 진입한 무신들을 막으려 했지만, 무신들은 한뢰를 내놓을 것을 의종에게 요구했다. 의종의 용포龍袍를 잡고 버티던 한뢰는 이고가 휘두른 칼에 즉사했다. 이에 의종 곁에 있던 문신들이 감히 왕 앞에서 무력을 행사한다며 책망하자, 더욱 격분한 무신들은 "문신의 관冠을 쓴 자는 비록 서리胥吏일지라도 씨를 남기지 말라"고 외치며 의종 곁에 있던 문

---

* 고려시대 순찰과 치안유지를 담당했던 군대

신들을 모조리 척살했다.

　보현원에서의 거사가 성공하자 이의방, 이고 등은 곧바로 개경으로 쳐들어갔다. 무신들은 죄인 등을 다스리는 관청인 가구소街衢所에 있던 별감別監 김수장을 죽였고, 궁궐에 있던 추밀원부사樞密院副使 양순정, 판이부사判吏部事 허홍재를 비롯해 수많은 관료들을 척살했다.

　뒤이어 의종과 태자를 폐위했고 의종의 둘째 동생인 익양공翼陽公 호晧를 즉위시켰는데, 이가 바로 고려의 제19대 왕인 명종明宗이다. 이로써 정중부와 이의방, 이고 등이 중심이 된 무신정변은 성공했고, 약 100년에 이르는 엄혹한 무신집권기가 시작됐다.

100년 무신집권기

　무신들이 권력을 잡은 후 왕정王政을 다시 회복시키기 위한 반反 무신 항쟁이 일어났다. 1173년에 동북면병마사 김보당과 그 이듬해에 서경유수 조위총이 일으킨 항쟁이 그것이다. 또한 사찰 승려들이 무신정권에 대항해 항쟁을 일으키기도 했다. 그러나 이 모든 항쟁들은 이의방의 부하인 이의민 등의 활약으로 진압됐다.

　100년에 이르는 무신집권기의 특징은 왕권의 유명무실有名無實과 집권한 무신이 중방최고 무신들로 구성된 회의 기구, 도방경대승이 설치한 사병집단이자 숙위기관, 교정도감최충헌이 설치한 최고 권력 기구, 정방최우가 설치한 인사담당 기관 등과 같은 기구를 통해 모든 권력을 자의적으로 행사했다는 것이다. 아울러 최고 권력자들이 자주 교체됐다. 무신집권기 초반의 최고 권력자는 정변 당시 견룡행수였던 이의방*이다. 이의방은 징변 동지였던 이고 등을 죽이고 정중부를 밀어낸 후 권력을 장악했다. 이의방은 자신의 딸을 명종에게 시집 보내는 등 국정을 마음대로 주물렀다.

하지만 정중부의 아들인 정균의 계략에 걸려들어 피살됐고, 이후 정중부가 권력을 장악했다. 이의방 시대와 다를 바 없이 정중부 시대에도 정중부 자신과 그 아들들의 국정 농단 등이 횡행했다. 이에 청년 장군이었던 경대승이 등장해 정중부와 정균 등을 기습해 척살한 후 권력을 잡았다.

다만, 경대승의 경우는 이의방, 정중부와 달랐다. 경대승의 거사 이유는 왕권을 유린한 난신적자亂臣賊子**들을 제거하는 것이었고, 실제로 권력을 잡은 후 경대승은 왕권을 어느 정도 존중하는 모습을 보였다. 또한 의종을 죽인 이의민을 끝까지 찾아내 척결하려는 의지를 나타내기도 했다. 그러나 경대승 역시 신변의 위협을 느꼈고, 끝내 젊은 나이에 요절夭折했다.

---

* 이의방의 동생인 이린은 조선의 건국자인 태조 이성계의 6대조였다.

** 나라를 어지럽히는 신하와 어버이를 해치는 자식을 일컫는 말

경대승이 죽자 이번에는 변방에서 숨죽이고 있던 이의민이 나타나 권력을 장악했다. 이의민 역시 자신의 상관이었던 이의방처럼 전횡專橫*을 일삼기는 마찬가지였다. 결국, 이의민과 그 아들들의 전횡을 참지 못한 최충헌, 최충수가 거사를 일으켰고, 이의민 등을 제거하는데 성공했다.

최충헌은 이전 권력자들과 달리 무려 4대최충헌-최우-최항-최의 62년1196년~1258년에 걸쳐 권력을 유지할 수 있었다. 이른바 '최씨 무신정권'의 시대를 연 것이다. 최충헌은 비단 무신 뿐만 아니라 문신들도 고루 등용해 자신의 세력 기반을 공고히 했다. 또한 명종과 희종熙宗 등 왕을 마음대로 폐립廢立하기도 했다. 최충헌의 뒤를 이은 아들 최우 등은 강화도에서 대몽對蒙 항쟁을 주도했다.

최씨 무신정권은 최의 대에 이르러 종말을 고했고, 이후 김준과 임연, 임유무 부자가 잇따라 권력을 잡았다. 임유무는 대몽 항쟁 당시 친몽파인 원종元宗이 강화도에서 개경으로 환도하려 하자 이를 저지하다 원종에 의해 제거됐다. 임유무를 끝으로 비로소 길고 엄혹했던 무신집권기는 대단원의 막을 내렸고, 1270년 드디어 왕정이 복고됐다.

** 권력을 홀로 쥐고서 자기 마음대로 휘두름

2부 :

지배체제 변혁

"...그대들과 함께 들어가서 왕에게 친히 화와 복을 아뢰고, 왕
옆의 악한 사람(최영)을 제거하겠다."

_위화도 회군 中

고려의 마지막 개혁혼이 꺼지다

: 고려의 마지막 개혁 군주
  공민왕의 개혁 정치와 좌절

고려 제 31대 왕 '공민왕'과 부인 '노국대장공주'. _ 국립고궁박물관

고려 시대의 끝자락에서, 마지막으로 고려의 개혁을 위해 몸부림쳤던 한 왕이 있었다. 그 왕은 바로 고려의 제 31대 왕인 '공민왕'恭愍王이었다. 그는 오랜 기간 지속된 원元나라의 간섭에서 벗어나 고려의 자주성自主性을 되찾고자 노력했고, 역사적 평가가 엇갈리지만 '신돈'辛旽이라는 인물을 숭용해 정치, 사회적으로 이전과는 다른 급진적인 개혁 노선을 펼치고자 했다.

그러나 기성 세력들의 극심한 반발과 사랑하는 부인의 죽음, 대내외적인 반란 및 침입 등으로 결국 공민왕의 개혁은 좌초되고 말았다. 그야말로 고려의 마지막 개혁혼魂이 사그라졌고, 이후 고려는 돌이킬 수 없는 망국亡國의 길로 나아가게 된다.

고려 시대에 보기 드문 영민英敏함과 개혁 의지를 갖췄던 왕. 만약 개혁에 성공했다면 고려의 수명을 발전적으로 연장시키고 스스로도 성군聖君으로 남을 수 있었겠지만, 끝내 뜻을 이루지 못하고 비참한 최후를 맞이했던 비운悲運의 왕. 공민왕의 개혁 정치와 좌절, 그리고 피살被殺 전말을 되돌아봤다.

반전, 왕위에 오르다

공민왕은 왕이 되기 전인 1341년부터 원나라에서 오랜 시간을 지내야 했다. 당시 고려는 원나라에 종속돼 있었다. 수차례에 걸친 몽고와의 전쟁 이후 고려는 원나라에 조공을 바치고 고려 태자太子 등은 원나라에 볼모로 잡혔다. 또한 고려는 '사위의 나라'라는 뜻인 '부마국'駙馬國으로서, 고려 태자는 원나라의 공주와 혼인을 해야만 했다. 이에 따라 1349년 공민왕은 원나라에 있을 때 원나라 공주인 '노국대장공주'魯國大長公主와 혼인을 했다.

공민왕은 1344년 강릉부원대군江陵府院大君으로 봉해졌지만, 이 때까지만 해도 공민왕은 왕이 되기 어려운 위치에 있었다. 장자長子가 아니었고, 친모가 원나라 사람이 아닌 고려 사람이었다. 아울러 이 당시 선왕이었던 충목왕忠穆王. 제29대 왕이 후사後嗣*를 보지 못한 상태로 즉위 4년 만에 병사病死했는데, 그 뒤를 이어 공민왕이 아닌 이복 동생인 충정왕忠定王. 제30대 왕이 왕위에 오르게 됐다. 결국, 공민왕은 옥좌玉座에서 완전히 멀어지게 된 것처럼 보였다.

하지만 반전이 일어났다. 나이가 어린 충정왕이 즉위한 후 수많은 외척外戚과 간신들이 등장해 전횡專橫**을 일삼아 국정이 문란해졌다. 시간이 갈수록 이 같은 모습이 심화하자 1351년 원나라는 국정 문란의 책임을 물어 충정왕을 폐위廢位시켰고, 대신 공민왕을 왕위에 앉혔다. 일설一說에 따르면, 이 당시

---

* 대를 잇는 아들
** 권세를 혼자 쥐고 제 마음대로 함

공민왕이 즉위할 때 부인인 노국대장공주가 큰 역할을 했던 것으로 전해진다.

반원자주정책

기실 원나라는 공민왕을 신뢰했다. 공민왕이 오랜 시간을 원나라에 있으면서 원나라의 정책 방향과 문화 등을 잘 이해하고 있으리라 봤고, 원나라 공주였던 부인노국대장공주과도 매우 돈독한 관계를 유지하고 있었기 때문이다. 이를 기반으로 고려에서 보다 적극적인 '친원親元 정책'이 행해질 것이라고 관측했다.

그러나 이는 완전히 빗나갔다. 공민왕은 즉위 직후부터 강력한 '반원자주정책'을 펼쳤다. 이처럼 의외의 정책이 나올 수 있었던 기저基底*에는 무엇보다 공민왕의 냉철한 국제정세 분석이 있었다. 공민왕은 원나라에 있으면서 대륙에서 돌아가는 정세에 깊은 관심을 갖고 학습해 이를 속속들이 꿰뚫고 있었던 것이다.

14세기 후반 국제정세는 요동치고 있었다. 그동안 강력한 제국으로 군림했던 원나라가 서서히 쇠퇴했고, 새로이 중국 한족漢族이 중심이 된 명明나라가 부상하고 있었다. 공민왕은 원나라의 국운國運이 다했다고 보고, 이 기회를 잘 이용해 움츠러

---

* 어떤 사상이나 생각 따위의 기반이 되는 생각

들었던 고려의 자주성 및 영토를 회복시키고자 했다. 또한 떠오르는 태양인 명나라와 유착癒着*하려는 모습도 보였다.

우선 공민왕은 고려 사회에 파고들었던 몽고 풍습의 혁파革罷를 단행했다. 당시 대표적인 몽고 풍습으로는 변발辮髮, 호복胡服 등이 있었는데, 공민왕은 어명御命을 통해 이를 완전히 금지시켰다. 이 와중에 '조일신의 난' 발생과 부원附元세력** 강화로 공민왕의 입지가 흔들릴 때도 있었지만, 공민왕은 이에 굴하지 않고 1356년 다시 개혁정치를 단행, 몽고의 연호年號, 관제官制를 폐지해 문종文宗 제1대 왕 때의 제도를 복구했고, 원나라의 내정 간섭 기구였던 정동행중서성이문소征東行中書省理問所도 폐지했다.

아울러 공민왕은 원나라의 위세에 편승해 고려 조정을 좌지우지했던 기철奇轍 일파를 제거했다. 기철 일파는 원나라 황실과 인척 관계라는 점을 악용해 마치 왕족처럼 행동했고, 기황후가 출산한 아들이 원나라의 황태자에 책봉冊封된 후에는 공민왕마저 무시하기에 이르렀다. 이에 격분한 공민왕은 원나라와의 관계가 악화될 것을 감수하고 기철 일파를 모조리 척살刺殺했다.

---

* 두 사물이 깊은 관계를 갖고 결합하여 있음
** 원나라에 기대어 고려와 고려인에게 심각한 피해를 입힌 정치 세력

여기서 끝이 아니었다. 공민왕은 여세를 몰아 100년 이상 존속했던 쌍성총관부雙城摠管府를 폐지하며 원나라에 빼앗겼던 영토를 회복했다. 쌍성총관부는 원나라가 고려의 화주함남 영흥 이북을 직접 통치하기 위해 설치한 관부였다. 이후 1368년에 주원장朱元璋, 명나라 태조이 명나라를 건국하자, 공민왕은 최측근 이었던 이인임을 급파해 명나라의 공조 약속을 받아낸 후 요동 遼東에 남아 있던 원나라 잔존세력을 쫓아냈다. 2년 후에는 이 성계를 통해 동녕부東寧府를 공격, 오로산성五老山城을 점령했다.

연이은 악재

즉위 이후 공민왕의 반원자주정책은 매우 과감하고 신속 하게 단행됐고, 상당한 성과를 거두기도 했다. 이 때까지만 해 도 개혁 군주 공민왕이 중심이 된 고려가 다시금 웅비雄飛할 것 처럼 보였다. 하지만 장밋빛 여정만 있었던 것은 결코 아니었 다. 공민왕 개혁 정치의 발목을 잡는 악재도 연이어 발생했던 것이다.

우선 홍건적과 왜구의 침입이 빈번하게 발생했다. 또한 내 부의 반란이 자주 일어났는데, 대표적으로 1363년 찬성사 김용 의 난과 1364년 최유의 난이 있었다. 특히, 충선왕의 셋째 아들 인 덕흥군을 왕으로 옹립擁立하려 했던 최유의 난은 고려에 큰 타격을 줬다. 또한 공민왕은 귀족들이 겸병한 토지를 원래 소유자에게 환원시키는 전민변정도감田民辨正都監 설치와 권문세족權門勢族이 중심이 된 도당都堂* 권리 약화, 외방의 산관散官**에 대한 통제 강화 등을 도모했는데, 이 같은 정책들은 권문세족들의 극심한 반대에 부딪혀 사실상 좌초될 상황에 처했다.

그리고 1365년에 공민왕에게 가장 치명적인 타격을 주는 일이 발생했다. 그것은 바로 공민왕의 부인인 노국대장공주의 죽음이었다. 공민왕에게 있어 노국대장공주는 마치 분신分身과도 같은 존재였다. 원나라에 볼모로 잡혀있을 때 공민왕은 노국대장공주에게 크게 의지했고, 공민왕이 즉위한 후 반원 정책을 펼칠 때 노국대장공주는 본인의 친정은 아랑곳하지 않고 공민왕을 변함없이 지지했다. 현재까지도 공민왕과 노국대장공주의 애틋한 사랑 이야기는 전설처럼 전해 내려오고 있다.

이런 노국대장공주가 사망하자 공민왕은 큰 실의에 빠졌다. 가뜩이나 자신의 개혁 정치가 대내외적으로 큰 도전을 받는 상황에서 발생한 일이라 그 아픔은 더욱 컸다. 공민왕은 더 이상 즉위 초 때의 총기聰氣가 넘치던 그 영민한 왕이 아니었다. 이전에 비해 국정을 등한시했고, 연회를 즐기는 횟수가 부쩍 늘었다. 이런 가운데 공민왕은 대안으로서 한 인물을 불러

---

* 고려 후기의 최고 정무기관
** 고려, 조선 시대에 일정한 관직이 없이 관계만을 보유하던 관원

사부로 삼고 국정을 맡겼는데, 그가 바로 신돈이다.

신돈 등장, 거침없는 개혁

신돈은 노비의 아들이자 승려였다. 그랬던 사람이 별안간 왕사王師*가 됐으니 백성들 사이에선 신돈이 왕의 눈을 흐리는 '요승'妖僧이라는 소문도 퍼졌다. 공민왕의 신돈 발탁은 절박한 자구책이자 다른 대안이 부재했기 때문이다. 고려사 반역 열전에서 공민왕은 "왕이 왕위에 있은 지 오래됐는데 재상들 가운데에 많은 이들이 뜻에 맞지 않았다. 세신 대족들은 친당이 뿌리처럼 이어져 있어서 서로 허물을 가려준다. 초야 신진들은 출세하게 되면 집안이 한미한 것을 부끄럽게 여겨 세신 대족의 사위가 되고 처음의 뜻을 버린다. 유생들은 유약하고 강직하지 못하다. 이 세 부류들은 모두 쓰기에 부족하다. 이에 세속에서 떨어져 홀로 선 사람신돈을 얻어 그를 크게 사용하겠다"라고 전하고 있다.

이런 이유로 발탁된 신돈은 공민왕의 후원 하에 거침없는 개혁을 단행했다. 우선 개각을 단행해 많은 기성 대신들을 좇아냈다. 이에 대한 반발이 상당했지만, 신돈은 아랑곳하지 않고 신속하게 기성 대신 및 좌주·문생 파벌을 축출했다. 대신

---

* 임금의 스승이 되었던 승려

그 자리에 추후 조선 건국의 중심 세력이 되는 신진 유학자들을 대거 등용시켰다. 아울러 몽골 침략 시기에 불탄 성균관 건물을 복구했다. 이후 성균관 총관리자인 대사성에 이색, 교육 책임자인 박사에 정몽주, 학관에 이숭인 등 상대적으로 온건 유학자들을 임명했고, 다음 세대를 이끌 지도자로서 신진 유학자들을 키워나갔다.

신돈은 과거 제도를 개선하는 정책도 추진했다. 이전까지 진사과進士科, 명경과明經科로 분류해 봤던 과거 제도를 전면 개편해 향시鄕試, 회시會試, 전시殿試 세 단계로 설정해 시험을 치르게 했다. 향시를 통과한 응시자들을 대상으로 왕이 직접 참여해 시험 내용을 검토하고 합격자를 선발했다. 이에 따라 좌주와 문생들이 부정하게 결탁해 합격자를 배출하는 폐단이 사라졌다. 또한 권문세족과 공신자제들의 출세 특혜를 폐지해 오로지 과거 제도를 통해서만 벼슬길에 오르게 했다.

이어 신돈은 전민추정도감田民推整都監을 설치한 후 불법으로 점거된 토지, 농장에 불법으로 소속된 노비와 부역을 도피한 양민을 찾아내 정리했다. 더욱이 거대 사찰들도 정리했다. 이에 따라 천민과 노비들을 중심으로 신돈에 대한 인기가 급상승했고, 급기야 이들이 대거 신돈을 찾아와 자신들을 양인良人으로 만들어 달라고 요구하기도 했다. 신돈은 이들의 요구를 거의 다 들어주는 파격을 선보였다. 반면, 농장주 등 기득권 세력은 매우 위축됐고, 빠르게 나아가는 묘청발 개혁 열차를 힘없이 지켜보기만 했다.

개혁의 좌초

신돈의 개혁은 급진적이었던 만큼, 머지않아 기성 세력들의 반발을 불러왔다. 권력과 경제적 기반이 흔들렸던 권문세족 등은 더 이상 참지 못하고 공민왕에게 나아가 신돈을 비하하거나 모함하기 시작했다. 또한 새롭게 성장한 신진 유학자들도 은근히 신돈을 멀리했고, 공민왕에게 성리학에 기반해 직접적인 정치를 펼 것을 요구했다.

이런 가운데 신돈의 사생활이 본격적으로 도마 위에 올랐다. 조선의 개국開國 세력들이 고려 망국의 원인을 찾고자 신돈을 의도적으로 폄하했는지는 모르지만, 신돈이 여색女色을 심하게 밝혔고 수많은 재물들을 개인적으로 착복着服했다는 것이다.

처음에 공민왕은 개혁동지이자 스승인 신돈을 감싸는 듯한 모습을 보였다. 하지만 시간이 갈수록 신돈의 사생활을 비판하는 목소리가 커지고 개혁에 대한 기성 세력들의 반발이 극심해지자, 위기감을 느낀 공민왕도 서서히 신돈에게서 신임信任을 거두기 시작했다. 자신에 대한 주변의 공격이 거세지고 공민왕의 신임도 옅어지면서 신돈은 초조해졌다.

결국, 궁지에 몰린 신돈은 공민왕을 암살할 계획을 세웠다. 그러나 사전에 발각돼 신돈은 수원으로 유배됐고, 이틀 후에 유배지에서 죽음을 맞이했다. 공민왕은 비단 신돈 뿐만 아니라 그 아들과 측근들도 모두 죽였다. 신돈이 제거되자 공민왕은 다시 기성 세력과 손을 잡았다. 공민왕의 후원 하에 의욕적으로 추진됐던 신돈발 개혁 정책들은 좌초됐고, 대부분이 다시 원점으로 되돌아왔다.

공민왕 피살, 망국

당초 영민한 개혁 군주로 출발해 백성들의 기대를 한 몸에 받았던 공민왕은 이제 개혁에 실패한 초라한 군주로 전락했다. 신돈의 죽음으로 마지막 개혁 의지마저 꺾인 공민왕은 더 이상 국정을 돌보지 않았고, 매우 문란한 사생활에 빠져들었다. 심지어 젊은 미소년들로 구성된 '자제위'子弟衛를 설치해 남색男色을 즐기기도 한 것으로 알려졌다.

이런 가운데 자제위의 리더격인 홍륜이 공민왕의 익비 홍씨를 범해 임신을 시키는 일이 발생했다. 주변의 안 좋은 시선을 의식했던 공민왕은 사건의 당사자인 홍륜과 밀고자인 환관 최만생을 제거한 후 익비의 입을 막아 이 사건을 덮어버리려 했다. 하지만, 이 계획을 사전에 눈치챈 홍륜과 최만생 일파가 늦은 밤 공민왕의 침소寢所에 잠입, 역으로 공민왕을 시해弑害했다. 이 때 공민왕의 나이 44세였다.

공민왕이 사망한 후 그의 아들이라고 알려진 '모니노'가 우왕禑王, 제32대 왕으로 즉위했다. 우왕은 공민왕이 신돈의 집에 들렀을 때 만났던 신돈의 몸종 '반야'로부터 낳은 자식이었다. 그러나 훗날 이성계 등 조선의 개국 세력들은 우왕을 공민왕의 아들이 아닌 신돈의 아들로 규정했고, '폐가입진'廢假立眞*이라는 명분을 내세워 우왕과 그의 아들 창왕昌王, 제33대 왕을 폐위시킨 뒤 사사賜死**했다. 폐가입진은 가짜왕을 버리고 진짜왕을 세운다는 뜻이다.

공민왕이 죽은 후 고려는 오래가지 못했다. 권문세족들의 전횡專橫 및 지배층의 갈등, 토지제도의 모순 등이 지속됐고, 대외적으로는 왜구 침입과 명나라의 압박이 고조됐다. 우왕 등 공민왕의 뒤를 이은 고려의 왕들은 초기 공민왕처럼 일말의 개혁이나 혼란을 잠재울 만한 역량을 조금도 갖추지 못했다. 결국, 공민왕이 사망한 후 18년이 지난 1392년 고려는 멸망했다. 고려의 빈자리는 새로이 역성혁명易姓革命***을 내세운 이성계와 신진사대부들의 '조선'朝鮮이 대체했다.

---

* 가짜 왕을 폐하고 진짜 왕을 세운다
** 독약을 내려 스스로 목숨을 끊게 하다
*** 왕조가 바뀌는 일. 제왕이 부덕하여 민심을 잃으면 다른 유덕자가 천명을 받아 부덕한 왕조를 무너뜨리고 새로운 왕조를 세워도 좋다고 하는 사상

[07] 위화도 회군

조선 건국의 서막

: 왕조 교체를 불러온 거대한 정변
  태조 이성계의 위화도 회군 전말

태조 이성계 어진 _ 전주경기전 어진박물관 소장

"만일 상국上國의 경계를 범해 천자명나라 황제께 죄를 얻으면 종사와 백성에게 화가 곧 이를 것이다. 내가 순順과 역逆으로써 글을 올려 회군을 청했으나, 왕이 살피지 못하고 최영이 늙고 어두워 듣지 않으니, 그대들과 함께 들어가서 왕에게 친히 화와 복을 아뢰고, 왕 옆의 악한 사람최영을 제거하겠다."

_『태조실록』中

고려 말기인 1388년우왕 14년 5월, 왕명으로 중국 명나라의 요동성을 치러 갔던 우군도통사 이성계가 압록강 위화도에서 더 이상 나아가지 않고 고려 왕궁이 있는 개경으로 회군할 것을 천명했다. '위화도 회군'으로 불리는 이 사건은 추후 고려의 멸망과 조선의 건국이라는 '왕조 교체'를 불러온 대사건으로 기록된다.

일개 변방 장수 출신에 불과했던 이성계는 조선 왕조의 태조太祖가 됐고, 고려 왕족이었던 왕씨 일가와 부패한 주류 세력이었던 권문세족權門勢族들은 역사의 뒤안길로 사라졌다. 아울러 전주 이씨 왕족과 더불어 새로운 주류 세력으로서 신진사대부新進士大夫가 등장했고, 이들은 고려 왕조의 불교 중심주의와 달리 유교儒教 중심주의를 내세우며 신생 국가의 정체성을 확립해 나갔다.

조선의 개국開國 세력들과 일단의 역사가들은 위화도 회군을 고려 왕조가 부덕해 민심을 잃은 만큼 다른 사람이 천명을 받들어 왕조를 바꾼 역성혁명易姓革命의 시작이었다고 평가했다. 그러나 다른 한편에서는 이를 왕명에 정면으로 대항한 일종의 반역反逆이었다고 보는 시각도 많다. 또한 자주 의식을 스스로 포기하고, 소중화小中華* 사대주의를 본격적으로 표방하는 계기가 됐다는 비판도 적지 않게 제기된다. 이처럼 사후 평가가 크게 엇갈리는 우리나라 역사상 가장 중요한 정변 중 하나인 위화도 회군 전말을 되돌아봤다.

요동치는 국제정세, 명의 압박

고려 말기, 국제정세는 요동치고 있었다. 오랜 기간 고려 및 전세계에 영향을 미쳤던 칭기즈칸의 후예들인 원나라가 쇠퇴하고, 새로이 중국 한족을 중심으로 한 명나라가 부상하고 있었다. 명나라의 태조는 그 유명한 '주원장'朱元璋이다.

이 같은 원·명 교체기에 고려는 내부적으로 친원파와 친명파로 나뉘어 갈등을 빚고 있었다. 고려 왕조의 주류 세력이었던 권문세족들은 명나라를 적대시하며 몽골로 내몰린 북원北元과 가깝게 지냈지만, 이 당시 비주류였던 신진사대부들은 명나라의 부상에 주목하며 국가의 장래를 생각해 명나라와 밀착

* 중국 이외의 국가와 지역이 스스로 소중화 또는 중화를 자처하는 사상

할 필요가 있다고 주장했다. 신진사대부들 중 좀 더 급진적인 사람들은 친원파인 권문세족의 기득권을 타파하고, 정치, 경제, 사회 전반에 대한 개혁은 물론 역성혁명을 통해 새로운 국가를 세워야 한다고도 주장했다.

이런 가운데 원나라를 몰아내고 중국 대륙의 중심 국가가 된 명나라는 고려에 대해 압박을 가하기 시작했다. 1388년 2월, 명나라는 고려 사신 설장수를 통해 "철령 이북은 원래 원나라에 속했으니, 모두 요동에 귀속시킨다"며 철령위鐵嶺衛를 설치하겠다고 통고했다. 이는 고려 서북면인 함남 안변 이북 지역의 영토를 명나라에 넘기라는 말이었다.

이 같은 요구에 대해 고려 조정은 경악을 금치 못했다. 당시 국가의 수상격이자 친원파 중 한 사람이었던 최영 장군을 중심으로 한 고려의 주류 세력들은 명나라의 행태에 대해 불만이 고조돼갔다.

요동정벌론 대두와 이성계의 사불가론

최영은 직접 나서 명나라에 철령위를 철폐할 것을 요구했다. 그러나 명나라는 요지부동이었다. 이에 따라 최영은 소수의 중신회의를 열어 명나라의 요동 정벌과 관련해 논의하기 시작했다. 우왕禑王, 제32대 왕과도 비밀리에 접촉해 요동 정벌을 논의했고, 결국 각 도의 군사들을 징발해 명나라의 요동성을 공격하기로 결정했다.

다만, 요동정벌에 대한 백성들의 민심은 좋지 않았다. 그 당시 왜구의 침략이 계속됐고, 농사철이 한창이었기 때문이다. 그럼에도 최영은 우왕의 재가를 얻은 후 자신을 팔도도통사, 이성계를 우군도통사, 조민수를 좌군도통사로 삼아 좌우군 통합 3만8800여명을 이끌고 출병하기로 했다.

이런 가운데 우군도통사 이성계는 요동정벌에 끝까지 반대했다. 그는 그 유명한 '사불가론四不可論'을 꺼내들었다. 첫째 작은 나라가 큰 나라를 치는 것은 옳지 않고, 둘째 여름철에 군사를 동원하는 것은 불합리하며, 셋째 요동을 공격하는 틈을 타서 왜구가 창궐할 수 있고, 넷째 무덥고 비가 많이 오는 시기이므로 활의 아교가 녹아 풀어지고 병사들이 전염병에 걸릴 위험이 있다는 것이었다. 하지만, 조정의 비주류였던 이성계의 간언諫言*은 전혀 통하지 않았고, 최영의 뜻에 따라 이성계는 마지못해 조민수와 요동정벌에 나서게 된다.

출병, 거듭된 난항

이성계와 조민수가 좌군과 우군을 이끌고 개경을 출발했는데, 다소 이상한 모습이 나타났다. 최고사령관 격인 팔도도통

---

* 웃어른이나 임금에게 옳지 못하거나 잘못된 일을 고치도록 하는 말

100

사 최영의 모습이 원정군 대열에서 보이지 않았던 것이다. 이는 우왕이 최영의 출전을 막았기 때문이다. 선왕이었던 공민왕의 암살을 지켜봤던 우왕은 신변의 위협을 느끼고 있었고, 최영이 개경에 남아 자신을 보필해 줄 것을 요구했다. 이에 따라 최영은 원정군 대열에서 빠지게 됐는데, 결과적으로 이는 최영의 자충수가 됐다.

최영 없이 출병한 요동정벌군은 1388년 5월에 압록강에 다다랐고, 압록강 중간에 위치한 위화도에 진을 쳤다. 그러나 상황은 녹록지 않았다. 큰 비가 계속 내렸고, 군량이 제대로 공급되지 못했다. 군사들의 사기도 떨어지면서 탈영병들이 속출하기도 했다. 시간이 갈수록 상황이 악화되자 이성계는 우왕에게 "요동성에 이르더라도 진퇴進退가 어려울 수 있다"며 회군回軍을 허락해 줄 것을 요청했다. 조정에서 답신이 없자 이성계는 최영에게 사람을 보내 거듭 회군을 허락해 달라고 했다.

하지만, 며칠 뒤에 온 답신은 이성계의 바람과는 상반된 것이었다. 우왕과 최영은 이성계에게 요동성으로 서둘러 진군하라고 명령했다. 진군과 회군의 갈림길에서 이성계는 조민수 등 측근들을 불러모아 대책을 논의했다. 이 자리에서 대부분의 사람들은 회군할 것을 강하게 주장했다. 당초 조정의 명령을 충실하게 따를 것 같던 조민수도 이미 마음을 완전히 바꾼 상태였다. 이성계는 다시 한번 장고長考를 한 후 마침내 역사의 운명을 크게 뒤바꾸는 결정을 하게 된다.

위화도 회군

이성계가 회군을 결정했을 때 모든 군사들은 크게 기뻐하며 찬동한 것으로 알려졌다. 그만큼 요동정벌에 대한 부담이 상당히 컸던 것이다. 장수와 군사들의 절대적인 지지를 받은 이성계는 즉시 병력을 요동이 아닌 개경으로 향하게 했다.

위화도 회군 소식은 조정에 신속하게 전달됐다. 큰 충격을 받은 우왕과 최영은 평양에서 개경으로 허겁지겁 돌아와 방어에 나섰다. 6월 개경 근교에 이르러 진을 친 이성계는 우왕에게 "최영을 제거하지 않으면, 종사를 전복시킬 것"이라고 경고했다. 이에 대해 우왕은 "군신의 대의는 고금을 통한 의리"라며 되레 이성계 등을 책망했다. 아울러 개경 수비를 위해 급히 군사를 모아 개경 안팎의 골목 입구를 수레로 막는 한편 조민수 등의 관작을 삭탈했다.

이성계는 개경성의 숭인문 밖 산대암^{山臺岩}에 진을 친 뒤 지문하사 유만수를 숭인문, 좌군을 선의문으로 보내 성문을 돌파하도록 했다. 그러나 최영의 방어에 막혔다. 이어 조민수의 우군이 재차 공격했지만, 이번에도 무위로 돌아갔다. 하지만 공격이 거듭되자 수적으로 열세인 개경성의 군사들은 서서히 무너지기 시작했다.

마침내 성문이 뚫렸고, 이성계 등은 궁궐 내 화원을 겹겹이 에워쌌다. 우왕과 최영은 화원 속에 있는 팔각전八角殿에 몸을 숨기고 있었다. 이성계 등은 우왕에게 최영을 내놓을 것을 요구했다. 그럼에도 최영이 순순히 나오지 않자 서너 명의 군사들이 팔각전으로 진입해 최영을 사로잡았다.

고려 멸망과 조선 건국

개경을 장악한 이성계 등은 최영을 귀양 보내고 우왕을 폐위한 뒤 중앙 정치의 실권을 손에 쥐었다. 요동 정벌 계획은 폐기됐고, 명나라의 연호가 시행됐으며 원나라 복장 대신 명나라 의복을 입게 했다. 우왕의 뒤를 이어 창왕昌王, 제33대 왕이 조민수와 문하시중 이색의 지원을 받아 왕위에 올랐다. 조민수와 이색 등은 창왕을 내세워 이성계 일파를 견제하려 했다. 그러나 이성계와 그를 지지하는 조준, 정도전 등 개혁성이 강한 신진 관료들이 국정 전반의 개혁을 추진하면서, 조민수는 유배되고 이색은 관직에서 물러나게 됐다. 이후 폐가입진廢假立眞 가짜를 폐하고 진짜를 세움을 명분으로 창왕은 1년 만에 폐위됐고, 고려의 마지막 왕인 공양왕恭讓王, 제34대 왕이 왕위에 올랐다.

이성계와 그 일파들은 과감한 개혁 정책을 실행에 옮겼다. 관리의 직급에 따라 토지를 지급하는 '과전법'科田法을 실시해 대토지를 소유했던 권문세족들의 경제적 기반을 붕괴시켰고,

숭유억불崇儒抑佛* 이념에 기반해 주자가례朱子家禮**를 시행하는 한편 사찰의 재산을 몰수했다. 또한 관제를 육조六曹로 개편했고, 정치 논쟁을 활성화하기 위해 경연經筵제도를 도입하기도 했다.

　그런데 정도전 등 급진 세력들은 비단 개혁에 만족하지 않고 역성혁명을 통해 이상적인 유교 국가를 건설하려 했다. 이러한 기조는 정몽주 등 고려 왕조 내에서의 개혁을 원했던 온건 개혁파와 심각한 갈등을 빚게 됐다. 국가의 방향성을 놓고 급진 개혁과 온건 개혁이라는 두개의 큰 물줄기가 대립하는 가운데 역사의 운명은 끝내 급진 개혁의 손을 들어주게 된다. 머지않아 이성계의 아들인 이방원훗날 제3대 왕 태종이 온건 개혁파의 영수인 정몽주를 제거하는데 성공했고, 이후 이성계는 공양왕이 폐위된 후 왕으로 추대됐다. 이 때 이성계는 자신의 정적이었던 정몽주를 존경해 끝까지 포섭하려 했지만, 이방원이 이성계의 의사와는 무관하게 정몽주를 제거하자 크게 분노한 것으로 전해진다. 국호도 고려에서 조선으로 바뀌었다. 474년의 역사를 자랑하는 고려 왕조는 그렇게 역사의 뒤안길로 사라졌고, 새로이 조선 왕조의 시대가 열렸다.

---

* 조선 초기에 불교를 국가 교학에서 제외하고 유교만을 유일한 지배이념으로 확립하기 위해 시행된 정책
** 송나라의 주희가 만든 예의범절에 관한 책. 가장 일상적, 보편적인 행위 규범.

왕권과 신권의 대립이 불러온 참사

: 신생국가 조선에 불어닥친 피바람
  태종 이방원의 제1차 왕자의 난 전말

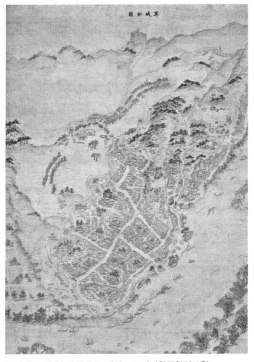

조선 왕조의 첫 번째 수도 개경 _ 규장각한국학연구원

"나 이방원 정안군은 왕실을 음해하고 이 나라 사직을 위협하는 대역무도한 역적들을 치기 위해서 대의의 검을 뽑았소이다. 지금 이 순간부터는 나 이방원이의 명령을 따라야 할 것이오."
—드라마 『용의 눈물』 中

    475년에 이르는 고려 왕조를 멸망시키고 새로이 '역성혁명易姓革命'을 표방하며 건국된 조선 왕조는 얼마 지나지 않아 피비린내가 진동하는 정변을 겪게 된다. 1398년 무인년戊寅年에 일어난 '무인정사', '제1차 왕자의 난'이 그것이다. 이는 왕권과 신권의 극심한 대립, 그리고 형제들 간 끔찍한 골육상쟁骨肉相爭으로 점철된 역사였다. 뚜렷하게 입지를 다지지 못했던 신생 국가 조선은 초반부터 큰 진통을 겪으며 흔들렸다.

왕권주의 vs. 신권주의

    조선 초기, 국가는 두 개의 이념이 서로 대립하고 있었다. 바로 왕권주의王權主義와 신권주의臣權主義였다. 왕권주의는 왕이 절대 권력을 갖고 국가를 통치해야 한다는 것이었고, 신권주의는 왕이 아닌 재상이 국가를 다스려야 한다는 것이었다. 당시 왕권주의를 대표하는 인물은 훗날 조선의 3대 왕 '태종太宗'이 되는 정안대군 이방원이었다. 반면 신권주의를 대표하는 인물은 역성혁명을 주창했던 삼봉三峰 정도전이었다.

누 개의 이념이 대립할 때 중요한 것은 태조 이성계의 의중 意中이었는데, 당시 이성계는 정도전에게 힘을 실어주는 듯한 모습을 자주 보였다. 본인 스스로가 왕이었고 조선이란 국가의 근간에는 엄연히 왕권이 존재하고 있었지만, 이전에는 볼 수 없었던 새로운 차원의 이념을 기반으로 한 국가를 만들어야 한다는 정도전의 원대한 계획에 이성계는 적지 않게 경도돼 있었다.

이성계의 후원을 등에 업은 정도전은 조선의 문무 文武 양권을 손에 쥐었고, 조정의 수많은 신료들은 정도전의 위세에 눌렸다. 그야말로 거칠 것이 없는 '일인지하 만인지상' 一人之下 萬人之上*과도 같은 존재였다. 더 나아가 정도전은 자신이 목표로 하는 신권주의 국가를 만들기 위해 보다 과감한 사전 정지작업을 진행하게 된다.

정변의 씨앗, 세자 책봉

이성계는 첫째 부인 신의왕후 한씨에게서 이방우, 이방과 훗날 2대 왕 정종定宗, 이방원 등 여섯 아들을 두었다. 아울러 둘째 부인 신덕왕후 강씨에게서는 이방번과 이방석 두 아들을 두었다. 한씨의 경우 몸이 약해 비교적 일찍 세상을 떠났다. 자신의

---

* 위로는 임금을 모시고 아래로는 만백성과 관리를 다스린다

아들들이 아닌 다른 사람에게로 세자 책봉이 이뤄지기 1년 전인 1391년 8월이었다. 반면, 강씨는 한씨의 사망을 전후로 이성계의 총애를 한 몸에 받고 있었다.

이런 가운데 1392년부터 세자 책봉 문제가 본격적으로 대두하기 시작했다. 당시 세자 책봉과 관련, 조정의 기류는 크게 두 갈래로 나뉘고 있었다. 첫 번째 갈래는 신의왕후 한씨의 아들들 사이에서 세자를 책봉해야 한다는 것이었다. 특히, 첫째 아들인 이방우와 다섯째 아들인 이방원이 물망에 올랐다. 이방우는 적장자 우선 원칙이 작용한 것이었으며, 이에 기반해 이방원 등 한씨 소생 아들들 및 일부 대신들은 이방우의 세자 책봉을 원했다. 그런데 주요 공신들인 조준과 배극렴 등은 개국開國 과정에서 공이 많은 이방원이 세자가 돼야 한다고 목소리를 높였다. 조준은 "태평할 때는 적장자를 세우고 난세에는 공이 있는 아들^{이방원}이 되는 것이 옳다"고 강조했다.

두 번째 갈래는 강씨의 아들들 사이에서 세자를 책봉하려는 움직임이었다. 강씨는 이성계의 총애를 등에 업고 자신의 아들인 이방석을 세자로 책봉할 의지를 노골적으로 드러냈고, 그 수단 중 하나로 정도전 등 신진사대부新進士大夫들과 밀착하는 모습을 보였다. 정도전 역시 자신의 꿈꾸는 신권주의 국가를 정착하기 위해서는 혈기왕성한 한씨의 아들들보단 상대적으로 미약해 보이는 강씨의 아들 이방석이 세자로 책봉되는 것이

훨씬 유리했다.

이에 따라 정도전은 강씨 및 그의 아들 이방석의 든든한 후원자를 자처했고, 이성계에게도 이방석을 세자로 책봉할 것을 강하게 건의했다. 더욱이 이방우는 조선 개국을 반대했다는 약점이, 이방원은 정몽주 제거 과정에서 이성계의 심기를 건드렸다는 약점이 각각 작용하기도 했다. 결국, 강씨에 대한 총애와 정도전에 대한 신뢰, 한씨 소생 아들들에 대한 노여움이 있었던 이성계는 장남 이방우와 개국 과정에서 공이 많았던 이방원이 아닌 당시 열한살에 불과했던 이방석을 세자로 책봉했다.

불에 기름을 붓다, 사병 혁파

이방석의 세자 책봉은 이방원 등 한씨 소생 아들들에게 큰 충격과 분노를 유발시켰다. 그도 그럴 것이 아버지와 산전수전을 함께 겪었는데, 제대로 된 대우를 받지 못하고 소위 '죽쒀서 개 준 꼴'이 된 것이기 때문이다. 그런데 여기에 기름을 붓는 문제가 발생했다. 바로 '사병 혁파'였다. 당시 왕족들은 개별적으로 사병을 거느리고 있었다. 정도전은 이를 혁파하고, 중앙 정부가 모든 병권을 장악해야 한다고 주장했다.

특히, 이 즈음 다시 대두된 요동정벌론은 이 같은 사병 혁파 움직임의 강력한 명분으로 작용했다. 1396년, 명나라는 조선에서 보낸 표전表箋, 공식 외교 문서과 국서國書에 자국을 모욕하는 구절이 있다면서, 그 작성자인 정도전을 명나라로 보내라고 요구했다. 이성계와 정도전은 이에 굴복하지 않고 명나라에 맞서기로 하면서, 고려 우왕 시절에 시행하려 했던 요동정벌론이 다시 대두된 것이다.

정도전은 요동을 정벌하기 위해 대규모 병력을 배치하는 진법陣法 훈련을 실시할 것을 천명했고, 이 훈련에 왕족들의 사병도 참가하도록 했다. 그러나 이는 단순한 훈련 참가가 아닌 국가의 군 지휘 체계로의 편입을 의미했다. 이성계도 정도전의 계획에 힘을 실어줬다. 하지만, 이방원 등 일부 왕족들은 크게 반발했고 급기야 진법 훈련에 사병을 보내지 않는 일도 발생했다. 그러자 조정에서는 이를 왕명을 거역한 것으로 받아들일 태세였다. 이방원 등은 사실상 막다른 길에 내몰리고 있었고, 위기감과 인내심은 한계점에 다다르고 있었다.

제1차 왕자의 난

정도전은 이방원 등 한씨 소생 왕자들의 사병을 혁파한 후 이들을 각기 지방으로 보낼 계획도 세웠던 것으로 알려졌다. 결국, 이방원 등에게 있어 사병 혁파는 곧 중앙 정치 무대에서의 완전 퇴장으로 이어지는 것이기도 했다. 야망이 컸던 이방원은 정도전에게 순순히 굴복할 수 없었다.

1398년 8월 25일, 마침내 이방원은 거사를 단행하기로 결심했다. 그는 최측근인 하륜과 이숙번 등을 비롯해 처남인 민무구와 민무질 등도 거사에 참여시켰다. 거사의 첫 번째 목표는 정도전 제거였다. 이 때 정도전은 이방원의 거사를 전혀 눈치채지 못하고, 자신의 집에서 남은, 심효생 등과 술을 마시고 있었다. 이방원은 정도전의 집을 급습해 그 자리에 있던 사람들을 일거에 척살했다.

이 때 정도전의 최후를 묘사한 두 가지의 상반된 기록이 있다. 우선 『태조실록』을 보면 정도전이 이방원에게 "예전에 공이 이미 나를 살렸으니 지금도 살려주시오"라며 목숨을 구걸한 것으로 나와있다. 그러나 다른 기록을 보면 정도전이 "원칙을 지키고 성찰하는 데 공을 들였고 책 속의 성현을 저버리지 않았다. 삼십 년 동안 어려운 일에 힘써왔는데 송정松亭에서 한번 취하니 헛일이 됐구나"라며 담담하게 죽음을 받아들인 것으로 나온다.

정도전 제거에 성공한 이방원의 다음 목표는 세자로 책봉된 이방석 제거였다. 이방원은 정도전을 제거한 직후 곧바로 궁궐로 쳐들어가 이방석을 폐위시켰고, 이후 귀양 보내는 길에 살해했다. 이방석의 친형인 이방번도 함께 죽였다. 일각에서는 이방원이 직접 이방석을 죽인 것으로 나와있지만, 실제로 이방원이 직접 나서지는 않았다. 뒤늦게 정도전 및 이방석의 죽음과 정변 소식을 접한 이성계는 "천륜天倫도 모르느냐"며 크게 분노했다. 그러나 대세가 완전히 기운 것을 깨달은 이성계는 왕위를 내려놓고 정치 일선에서 물러나게 됐다.

태종 시대 개막

거사에 성공한 후 새롭게 조정의 주류 세력으로 부상한 이방원 등은 둘째 형인 이방과를 세자 및 차기 왕으로 추대했다. 첫째 형인 이방우는 1393년에 갑작스레 사망했다. 원래는 많은 사람들이 이방원을 세자 및 차기 왕으로 내세웠지만, 아직 명분이 부족하다고 생각한 이방원이 스스로 거절했다. 그런데 머지않아 거사에 참여한 세력 내에서도 균열이 생기기 시작한다.

1차 왕자의 난 때 정도전을 제거하는데 결정적 역할을 했던 지중추원사知中樞院事 박포가 논공행상論功行賞* 과정에서 일등공신이 되지 못한 것에 대해 큰 불만을 제기했다. 이에 대해 이방원은 그를 영동으로 귀양 보냈다가 다시 불러들였다. 이후 박포는 여전히 분을 삭이지 못하고 이방원만큼 왕위에 욕심이 있던 이방간을 찾아가 거사를 도모할 것을 부추겼다.

결국, 1400년 정월에 이방간과 박포 등이 사병을 동원해 이방원을 공격했다. '제2차 왕자의 난'이었다. 형제들 간 끔찍한 골육상쟁이 또 다시 발생한 것이다. 개경 한복판에서 치열한

---

* 공이 있고 없음, 크고 작음 등을 따져서 거기에 알맞게 상을 줌

시가전이 벌어진 가운데 이방원은 수적 우위를 기반으로 끝내 이방간을 굴복시키는 데 성공했다. 이방원은 조정 신료들의 거듭된 상소에도 불구하고, 같은 어머니에게서 출생한 친형 이방간을 죽이지 않고 귀양을 보내는 선에서 마무리했다. 대신 이방간의 측근인 박포는 사지를 찢어 죽이는 능지처참을 당했다. 이후에도 이방간에 대한 부정적인 상소가 지속적으로 올라왔지만, 이방원은 끝까지 이방간을 보호했고 이방간은 천수를 누릴 수 있었다.

2차 왕자의 난마저 승리한 이방원의 위세는 더욱 강해졌고, 그해 2월에 세자로 책봉되기에 이른다. 이 때 왕은 정종이었지만, 사실상 세자였던 이방원이 모든 국정을 좌지우지했다. 이방원에게 위협을 느끼고 있던 정종은 왕비였던 정안왕후의 요청 등을 받아들여 1400년 11월에 왕위를 이방원에게 넘겼다. 이로써 조선의 3대 왕인 '태종'의 시대가 열렸고, 조선은 왕권 강화의 길로 본격적으로 나아가게 된다.

이성계와 이방원, 부자 간의 참극

: 유교 국가 조선에서 금기시됐던 정변
  이성계 vs. 이방원, 부자 간 참극 전말

함흥본궁. 조선이 개국 되자 태조 이성계가 즉위 이전에 살았던 함흥 귀주동 현재 함경
북도 함흥시 사포구역 소나무동 집터를 고쳐 지은 궁전 즉 잠저이다. 태조가 왕위를 양
위한 뒤인 태상왕 때 머물렀으며 유명한 함흥차사의 전설이 깃든 곳이다.
_ 국립중앙박물관 소장

역성혁명 易姓革命을 표방하며 야심차게 출범한 신생 국가 조선은 좀처럼 안정을 찾지 못하고 연이은 소용돌이에 휘말렸다. 왕권주의 王權主義와 신권주의 臣權主義가 극심하게 대립했고, 이는 왕자의 난으로 이어져 골육상쟁 骨肉相爭의 비극이 초래됐다.

더 나아가 아버지 이성계와 그의 아들 이방원 사이에 역사상 유례를 찾아보기 힘든 부자 간 참극마저 발생하게 된다. 군신유의 君臣有義*와 부자유친 父子有親** 등으로 대변되는 유교 儒敎 국가 조선에서, 그 언급조차 금기시됐던 이 정변을 역사는 '조사의의 난'이라고 부른다.

태종 즉위, 이성계의 함흥행

제 1·2차 왕자의 난을 통해 조정의 실권을 장악한 이방원은 곧 세자 世子 자리에 오른 데 이어 1400년 자신의 형인 2대 왕 정종에게서 왕위를 물려받아 '태종'으로 즉위 卽位했다. 태종이 즉위하자 태조 이성계 당시 태상왕 太上王의 분노와 상심은 더욱 커져만 갔다. 이방원이 자신이 그 누구보다 아꼈던 세자 이방

---

* 군주와 신하의 관계는 의리를 바탕에 둬야 한다는 유교의 원리

** 가정윤리의 실천덕목인 오륜의 하나로 부모는 자식에게 인자하고, 자녀는 부모에게 존경과 섬김을 다하라는 말

석과 삼봉 정도전 등을 척살한 것도 모자라 스스로 왕위까지 꿰찼기 때문이다. 그 이전에는 총애하던 신덕왕후 강씨도 잃었다.

이성계는 더 이상 이방원이 지배하는 궁궐에 있을 수 없었다. 겉으로 보기에 두 사람은 부자지간父子之間이었지만, 사실상 원수지간怨讎之間이 된 것이나 다름없었다. 결국 이성계는 궁궐을 떠나 자신의 고향인 함경도동북면의 함흥 별궁으로 향했다. 그곳에서 남은 여생을 조용히 보낼 계획이었다. 이성계는 추후에 전갈傳喝을 통해 이방원에게 "내가 즉위한 이래로 조종祖宗의 능에 한번도 참배하지 못한다고 일찍이 생각하고 있었는데, 지금 다행히 한가한 몸이 되었으니 동북면에 가서 선조의 능에 참배한 뒤에 금강산을 유랑코자 한다"고 전하기도 했다. 이런 가운데 이방원은 당초 이성계의 함흥행을 대수롭지 않게 생각했다. 이성계가 그곳에서 잠시 머물다 다시 궁궐로 환궁還宮할 것이라고 봤다. 하지만, 머지않아 정세는 심각하게 흘러가기 시작했다.

조사의의 접근
함흥에 안착한 이성계에게 조사의라는 사람이 접근했다.

---

* 조선시대, 임금의 명에 의해 죄인을 다스리는 일을 맡아보던 관청

조사의는 신덕왕후 강씨의 친척으로 1393년태조 2년에 형조의랑이 됐고, 그 뒤 순군巡軍*과 첨절제사를 거쳐 안변부사로 재직하고 있었다. 조사의와 더불어 신덕왕후 강씨의 조카인 강현도 있었다. 이들은 이방원의 정적政敵이었던 신덕왕후 측의 사람들이었던 만큼 자연스레 이방원에 대한 적개심이 상당했다. 그런데 자신들의 힘으로는 어찌해 볼 도리가 없었는데 때마침 이성계라는 거대한 우군友軍이 알아서 자신들의 구역으로 왔던 것이다.

조사의 등은 이방원에 대한 분노와 상심으로 가득 차 있는 이성계를 찾아가 그의 마음을 적극적으로 자극시켰다. 바로 1차 왕자의 난 때 무참히 살해된 이방석과 이방번 등의 원수를 갚고, 역적逆賊 이방원과 그를 따르는 무리들을 척살해야 한다는 것이었다. 조사의는 정변에 동원할 수 있는 군사력도 충분하다고 봤다. 이성계의 고향인 함경도 지역에는 대대로 이성계를 따르는 무리들이 많았고, 지역민들도 이성계를 절대적으로 지지하고 있었다. 나아가 우호 세력인 여진족이 참전할 가능성도 있다고 전망했다. 결국 1402년태종 2년, 이성계는 조사의의 의도대로 군사를 일으키는 것에 동의했다. 역사는 이를 '조사의의 난'이라고 기록하고 있지만, 사실상 조사의의 배후에 있었던 이성계와 그의 아들 이방원의 부자 간 전쟁이었다. 이성계와 조사의는 함경도 지역민들의 절대적 지지와 우호 세력인 여진족의 참전 가능성 등을 믿고 거병擧兵했다.

함흥차사의 전설

한편, 이방원은 적지 않은 시간이 지나도 이성계가 돌아올 기미를 보이지 않자 점차 초조해지기 시작했다. 이에 이방원은 이성계를 회유하기 위해 함흥으로 사람을 보냈다. 대표적인 사람이 박석명, 성석린, 박순이었다. 박석명은 지금의 비서실장인 도승지였고, 성석린은 지금의 서울시장인 한성부판윤과 재상인 영의정부사를, 박순은 중추부의 종1품 관직인 판중추부사를 역임했다. 특히 성석린은 이성계의 오랜 친구이기도 했는데, 성석린이 회유했을 때 이성계는 이를 수락하며 잠시 개경으로 환궁하기도 했다. 그러나 얼마 안 가 이성계는 다시 함흥으로 돌아갔다. 이 때 이성계가 잠시 환궁한 것은 기실 조사의가 거병을 준비할 시간을 벌어주고 개경의 동태를 살펴 조사의에게 알려주기 위함이었던 것으로 추정된다.

성석린의 회유도 결국 실패로 끝나자 이방원은 성석린만큼 이성계와 친분이 두터운 박순을 함흥으로 보냈다. 그런데 박순은 실제로 이성계를 만나지 못한 것으로 알려졌고, 대신 함경도 일대의 동태가 심상치 않게 돌아감을 직감해 도순문사 박만과 함께 이 지역 수령들에게 "조사의를 따르지 말라"고 설득하고 다녔다. 조사의 등은 박순이 자신들의 거병 준비를 어느 정도 파악했다고 생각했다. 이에 조사의 등은 이성계에게 박순을 반드시 제거해야 한다고 주청했다. 이성계는 고민에 빠졌다. 옛 정을 생각해 박순을 살리고 싶었지만, 그렇게 되면 거병이 탄로 날 가능성이 높았다. 이에 이성계는 조사의 등에게 박순이 안변 아래쪽에 흐르는 용흥강을 건너갔으면 죽이지 말고, 건너지 못했으면 죽이라고 명했다. 박순은 불운하게도 용흥강을 건너지 못한 상태였고, 결국 조사의가 급파한 군사들에게 죽임을 당했다.

지금까지도 많은 사람들은 이방원이 함흥에 차사差使로 보냈던 사람들이 모두 이성계에게 죽임을 당해 돌아오지 못한 것으로 알고 있다. 이것이 바로 '함흥차사의 전설'이다. 그러나 위에서 살펴본 것처럼 이는 역사적 사실과는 거리가 있으며, 실제로 죽임을 당한 사람은 박순 한 명 뿐이었다. 함흥차사의 전설은 후대의 일부 역사가들이 조사의의 난을 보다 드라마틱하게 포장하는 과정에서 나온 야사野史로 보인다.

조사의의 난

이성계와 조사의가 거병했을 때, 예상대로 함경도의 수많은 사람들이 이성계 측에 가담했다. 거병 소식을 전해들은 이방원과 조정의 대신들은 큰 충격에 빠졌고, 대응에 골머리를 앓게 된다. 그도 그럴 것이 상대는 현 임금의 아버지이자 조선을 건국 한 태조 이성계였기 때문이다. 반란군이 평안도의 덕천·안주 방면을 거쳐 한양 쪽으로 밀고 내려오려 하자 이방원은 마지못해 이천우 등을 보내서 이를 방어하도록 했다.

하지만, 반란군의 위세는 생각보다 강력했다. 고맹주 지역에서 이천우의 군대가 격파 된 것이다. 반란군은 전장에서 '태상왕' 이성계의 권위를 앞세우는 전략을 구사했는데, 이성계를 나타내는 깃발 등을 흩날리며 앞으로 진격해 나갔다. 이런 상황에서 관군은 적지 않게 위축될 수밖에 없었다. 관군의 선발대가 패배하고 반란군의 남하南下가 이어지자 상황의 심각성을 인지한 이방원은 친히 군사를 이끌고 전장으로 향하기로 했다. 이로써 우리나라 역사상 유례를 찾아보기 힘든 부자 간의 직접적인 무력 충돌이 현실화 됐다.

이방원이 관군을 진두지휘하면서 전황戰況에 차츰 변화가 생기기 시작했다. 무엇보다 관군의 사기가 드높아졌고, 이를 기반으로 관군은 압도적인 물량공세를 퍼부었다. 기본적인 양과 질에서 관군은 반란군보다 크게 앞섰다. 그리고 관군은 다양한 전략을 구사하며 반란군을 난관에 빠뜨렸다. 각 고을의 군사를 효율적으로 동원해 반란군의 진로를 저지하는 한편 회

---

* 죄를 물어 죽이다

** 계급이나 등급이 낮아짐

유객노 구사해 반란군을 분산시키기도 했다. 결정적으로 청천강 전투에서 이숙번이 이끄는 관군이 반란군을 대패시키면서 반란군의 전의戰意는 땅에 떨어졌고 탈영병이 속출하면서 안변 쪽으로 퇴각하게 된다. 관군은 조사의와 그의 아들 조흥 등을 신속하게 추격해 체포, 주살誅殺*했다.

조사의와 반란을 함께 한 측근들은 죽거나 귀양을 갔고, 반란의 태동지였던 안변 대도호부는 감무 파견지역으로 강등降等**됐다.

이성계의 거취

조사의의 난이 완전히 진압된 후 이성계는 반란군의 주둔지였던 평양에서 아들 이방원의 처분을 기다리는 신세가 됐다. 조선을 건국 한 '태조' 치고는 상당히 처량한 모습이었다. 이방원은 이전과 다를 바 없이 끊임없이 사람을 보내 이성계를 개경으로 모셔오고자 했다. 이성계는 한동안 거부하다 마지못해 개경 궁궐로 환궁했다. 야사에서는 이성계의 오랜 정신적 스승이었던 무학대사의 설득으로 이성계가 마침내 돌아왔다고 전하고 있다. 이방원은 직접 교외로 마중 나가 이성계를 맞이했다.

일각에서는 이성계가 환궁할 때 노여움을 버리지 못해 현재의 성동구 한양대학교 뒤쪽 중랑천을 가로지르는 돌다리 부근에서 이방원을 향해 화살을 쐈고, 그 화살이 급히 몸을 피한 이방원을 벗어나 정자의 나무기둥에 꽂혔다는 이야기가 전해지고 있다. '화살이 꽂힌' 장소라는 데에서 유래해 해당 돌다리는 '살곶이 다리'라고 불리기도 한다. 그러나 당시 궁궐이 한양이 아닌 개경에 있었다는 점을 감안할 때 이야기의 신빙성을 확신할 수 없다는 반론도 제기된다.

또한 환궁 잔치가 열린 자리에서 이성계가 소매 안에 철퇴를 감추고 이방원의 목숨을 노렸는데, 최측근이었던 하륜의 기지機智로 이것이 무위無爲에 그쳤다는 이야기도 전해진다. 이성계는 이방원이 자신에게 직접 술을 따를 때 철퇴로 내리치려고 했지만, 하륜이 이성계의 의도를 미리 눈치채고 예법을 거론하며 환관으로 하여금 대신 술을 따르게 했던 것이다. 이후 이성계는 하늘의 뜻으로 받아들이고 비로소 이방원에게 옥새를 넘기며 왕으로 인정했다고 한다.

환궁한 이성계는 여생을 조용히 궁궐에서 보내다 1408년 5월태종 8년에 승하昇遐했다. 일개 변방 장수에서 출발해 조선의 건국자로 올라섰던 풍운아 이성계는 결과적으로 말년末年이 좋지 못했다. 아버지를 향한 회한悔恨 때문이었을까. 이성계가 승하하자 아들 이방원은 "소자가 잘못했습니다"라며 '짐승처럼' 슬피 울었다고 전해진다. 이성계의 능호는 건원릉健元陵이며 단릉單陵이다.

조선의 헌정질서를 뒤흔들다

: 조선 왕조 역사의 물줄기를 바꿔버린
  수양대군의 계유정난 전말

세조 어진 초본 _ 국립고궁박물관

수양대군 "대감의 얼굴을 보면 일흔까지 장수할 상인데. 올해 춘추가 어찌 돼요."

김종서 "올해 일흔입니다."

수양대군 "제가 올해 꼭 이루고 싶은 소원이 하나 있습니다."

김종서 "어떤 소원입니까."

수양대군 "왕이 되는 것이오."

김종서 "네 이놈, 네 무슨 수작이냐."

_영화 『관상』 中

　　조선 초기, 왕조 역사의 큰 물줄기를 변화시키는 중요한 정변이 일어났다. 계유년癸酉年인 1453년에 단종의 숙부인 수양대군과 그 일파들이 여러 대신들 및 반대파들을 숙청하고 정권을 장악한 '계유정난癸酉靖難'이다.

　　계유정난은 조선 초기에 일어난 사건이지만, 이후 조선 역사의 향방에 지속적으로 부정적인 영향을 미치게 된다. 우선 적장손 왕위 계승 등 조선의 헌정질서가 흔들리는 단초를 제공했다. 세종, 문종, 단종으로 이어지면서 자리를 잡아가던 유교적 헌정질서를 왕실 종친이 앞장서 무너뜨린 사건은 당대의 유학자는 물론 후대의 역사가들에게도 큰 충격을 줬다.

　　더욱이 계유정난을 계기로 '공신功臣세력'이 득세하면서 왕권이 오롯이 서지 못하고 되레 공신세력을 의식하는 모습이 나타났고, 조선 건국의 명분을 제공했던 고려 권문세족들의 부패한 특권 문화가 조선 공신세력에게로 고스란히 전수되는 상황 발생했다. 이후 조선에서는 사화, 환국 등 유혈 정권교체가 있을 때마다 승리자의 자축 세리머니라고 할 수 있는 '공신 인플레이션'이 일반화 됐다. 태종 이방원과 정도전이 기필코 타파하고자 했던 문제점이 조선의 정치 및 역사에 깊이 뿌리내리게 된 것이다.

비극의 씨앗, 문종의 죽음

1452년 5월, 세종대왕의 아들이자 단종의 아버지, 그리고 수양대군의 친형이었던 문종^{文宗}, 제5대 왕이 세상을 떠났다. 왕위에 오른 지 불과 2년 만의 일이었다. 문종에 대한 역사가들의 평가는 한마디로 '준비된 왕'이었다. 실록에 따르면 문종은 과학, 천문, 병법, 무예, 음악, 음운 등 다방면에 통달한 것으로 전해진다.

특히 세종 때 발명된 측우기와 화차^{이동식 대포}는 문종이 제시한 생각을 기초로 만들어졌다. 더욱이 외모도 매우 출중했다. 명나라 사신이 조선에 왔을 때 문종을 보고는 "이 나라는 산천이 아름답기 때문에 인물도 이렇게 아름다운가"라며 감탄을 했다고 한다. 세종대왕의 치세 마지막 7년 정도는 사실상 문종의 치세라고 할 수 있을 정도로 세종대왕 말기엔 문종이 대신

정사를 돌보기도 했다.

그러나 문종에게도 약점이 있었다. 아버지를 따라 건강이 좋지 못했던 것이다. 특히, 세종 말기 때 과도한 업무와 어머니와 아버지의 죽음에 따른 연이은 3년상으로 병세가 급격히 악화됐을 것으로 추정된다.

성군으로 칭송받았던 아버지에 버금가는, 아니 어쩌면 아버지를 능가할 수도 있었던 전도유망한 왕이 죽자 조정 대신들과 백성들의 슬픔은 이루 말할 수 없었다. 실록은 "임금이 승하하자 이를 슬퍼하는 것이 선왕세종 때보다 더하였다"라고 전하고 있다.

문종의 뒤를 이어 그 아들인 단종端宗, 제6대 왕, 이홍위가 13세의 어린 나이로 즉위했다. 단종은 그 나이 만큼이나 정치적 기반도 취약했다. 보통 어린 임금이 즉위하면 가장 서열이 높은 대왕대비가 수렴청정垂簾聽政*을 하는 것이 일반적인 관례였지만, 당시 단종 곁엔 수렴청정을 할 대비도 없었다. 단종의 모후인 현덕왕후 권씨가 단종을 낳은 직후 산욕열로 죽었고, 문종은 다시 세자빈을 들이지 않았다. 후궁으로 귀인 홍씨, 양씨만을 뒀다.

---

* 왕실의 여자 어른이 어린 임금 대신 정치하는 제도

조정의 세력구도

문종의 죽음과 단종의 즉위를 계기로 조정의 분위기는 심상치 않게 흘러갔다. 세종이 일궜던 태평성대는 서서히 사라져 갔고, 다시금 불길한 먹구름이 밀려오고 있었다.

당시 조정의 세력구도를 보면 크게 고명대신파와 대군파로 나뉜다. 고명대신파는 왕의 유언을 받은 대신들을 말한다. 대표적으로 영의정 황보인, 좌의정 남지, 우의정 김종서가 있었다. 문종은 죽기 전에 이들을 불러 단종을 잘 보필해 줄 것을 부탁했다. 이후 좌의정 남지가 죽자 김종서가 좌의정, 정분이 우의정으로 임명됐고, 김종서와 황보인 두 고명대신이 조정의 주도권을 잡아가는 모양새를 나타냈다.

반면, 다른 한쪽엔 단종의 숙부인 대군들이 있었다. 대군들은 총 7명이 있었는데, 이 가운데 수양대군과 안평대군이 두드러졌다. 문인보단 무인의 기질이 엿보인 수양대군은 한명회와 권람 등을 책사로 두고 서서히 무인 중심으로 세력을 모으고 있었다. 안평대군은 기본적으로 문인의 기질을 타고났다. 문학·예술 등에 능했고, 자연스레 이 방면의 인사들을 끌어들이고 있었다.

정치적 기반이 취약했던 단종은 잠재적 대권주자가 될 수 있는 대군들보단 아버지 문종이 신뢰했던 최측근들인 고명대신들에게 의지하는 모습을 보였다. 그렇다 보니 대신들의 합의

체인 의정부가 국왕을 보필하고 정사를 협의하는 최고 정무기관으로서의 본래 임무를 넘어서는 듯한 모습도 나타났다. 이는 추후에 수양대군이 정변을 일으키는 명분으로 작용했다. 하지만, 고명대신들이 야심을 품고 권력을 넘보거나 국정을 농단하려 한 것은 아니라는 평가가 일반적이다.

단종의 신임을 받은 김종서 등 고명대신들은 특별히 혈기 왕성한 수양대군을 경계했고, 수양대군 역시 고명대신들 및 안평대군의 세력화를 경계하며 상호 간 세력경쟁 양상으로 나아가는 모습을 보였다.

수양대군의 야심

당초 수양대군은 왕위를 꿈꿀 수도 없는 위치에 있었다. 친형인 문종이 워낙 뛰어났기 때문에 수양대군은 상대적으로 가려진 존재였었고, 단종이 즉위한 이후엔 고명대신파 및 다른 형제들의 견제가 심화됐다. 아울러 왕조 국가에서 왕의 형제들은 숨죽이고 살아야만 하는 비운悲運을 갖고 있어야 했다.

그럼에도 수양대군은 단종 즉위 직후부터 왕권을 향한 야심을 드러낸 것으로 알려졌다. 단종이 즉위한 후 2개월이 지나 수양대군은 자신의 집에서 권람을 만났다. 이 자리에서 그는 정국 현황과 앞으로의 전망에 대해 논했고, 이후 야심을 갖고 권람, 한명회, 홍윤성 등을 심복으로 만들었다. 특히 한명회는

128

추후 세유정난 및 세조 치세의 설계자가 된다.

왕권을 향한 수양대군의 거사 계획이 구체화된 것은 1453년 4월부터다. 이는 수양대군이 단종의 즉위를 알리는 '고명사은사誥命謝恩使'로 명나라를 갔다 온 직후다. 수양대군이 고명사은사로 가기 전 권람 등은 이를 완강하게 반대했다. 자리를 비운 사이 김종서 등이 수양대군파에 대한 제거를 획책할 수도 있다는 것이었다. 이 말을 들은 수양대군은 웃으면서 "김종서 등은 그럴만한 호걸이 아니다"라며 명나라로 가는 길에 올랐다. 실제로 수양대군이 부재할 때 고명대신파는 별다른 움직임을 보이지 않았다.

명나라에서 돌아온 수양대군은 한편으론 고명대신파의 행동에 불만을 품고 있던 신숙주 등 집현전 출신 문인들을 끌어들이고, 또 다른 한편으론 홍달손, 양정 등 심복 무사를 양성하며 거사 준비를 착실히 해나갔다. 거사 직전 수양대군 휘하엔 30여 명에 이르는 정예 무인들이 모여있었다.

계유정난

1453년 10월 10일 밤, 마침내 '계유정난'이 일어났다. 조선왕조 역사의 큰 물줄기가 변화되는 밤이었다. 우선 수양대군은 삼정승 가운데 가장 지혜와 용맹이 뛰어난 김종서를 제거하기로 마음먹고, 양정, 임어을운 등을 대동한 채 돈의문 밖 김종서의 집으로 향했다.

수양대군이 방문하자 김종서와 그의 아들 김승규가 직접 맞이했다. 김종서와 정면으로 마주한 수양대군은 집 안으로 들어가지 않고 대뜸 "사모紗帽의 각이 떨어졌으니 좌상의 것을 빌릴 수 있겠느냐"고 물었다. 이는 김종서 부자의 경계를 느슨하게 하려는 의도였다. 그런 다음 수양대군은 청이 있다면서 김종서에게 편지 한통을 건넸고, 김종서는 달빛에 편지를 비춰봤다. 그 순간 임어을운의 철퇴가 김종서의 머리를 내리쳤다. 동시에 양정의 칼날이 김승규를 베었다. 미처 반격할 틈을 갖지 못한 채 세종 시절 천하를 호령했던 '백두산 호랑이' 김종서가 쓰러졌다.

9부 능선이었던 김종서 제거에 성공하자 수양대군과 정예 무인들은 이제 거칠 것이 없었다. 이들은 곧바로 단종이 있는 궁궐로 쳐들어갔다. 공포감에 사로잡힌 단종 앞에서 수양대군은 김종서, 황보인 등이 난을 일으켜 안평대군을 추대하려 했기에 김종서를 척살했다는 거짓보고를 올렸다.

뒤이어 수양대군은 왕명을 빙자해 조정 대신들을 모두 입궐시키도록 했다. 한명회는 살생부殺生簿를 들고 입궐하는 대신들을 일일이 확인하며, 사전에 배치한 군사들에게 '살조殺條'로 분류된 대신들을 모조리 죽이라고 명했다. 이때 대표적인 수양대군 반대파들인 황보인과 병조판서 조극관, 이조판서 민신,

우찬성 이양 등이 한꺼번에 목숨을 잃었다.

한편, 불의의 기습을 당한 김종서는 그 자리에서 즉사하지는 않았던 것으로 전해졌다. 철퇴를 맞고 쓰러진 김종서는 얼마 지나지 않아 깨어났고, 수양대군의 모반 사실을 인지한 후 불편한 몸을 이끌고 가마에 올랐다. 단종을 지키기 위해 궁궐로 들어가려고 했던 것이다. 그러나 이미 수양대군 세력에게 포섭된 숭례문, 돈의문, 서소문 등의 수문장들은 모두 문을 열어주지 않았고, 진입로가 막힌 김종서는 사돈집에 숨어 있다가 이튿날 수양대군이 급파한 군사들에게 비참한 최후를 맞았다.

공신득세, 단종의 비극

하룻밤 만에 세상이 바뀌었다. 조정의 실권을 틀어쥐고 있던 고명대신파 등은 온데간데 없고, 수양대군 및 그 일파들이 권력의 정점에 올라섰다. 수양대군은 스스로 영의정부사 · 영집현전사 · 영경연사 · 영춘추관사 · 영서운관사 · 겸판이병조 · 내외병마도통사 등 다양한 요직을 겸하면서 정권과 병권을 동시에 장악했다. 그리고 거사에 직간접적으로 공을 세운 한명회, 권람, 정인지, 양정 등 43인을 '정난공신靖難功臣'으로 책봉했다. 앞으로 이들은 오랜 기간 세조 주변에서 무소불위의 권력을 휘두르게 된다.

비극적인 피바람은 계속 휘몰아쳤다. 안평대군은 붕당을

모의했다는 죄목으로 사사를 당했고, 정분, 조수량, 안완경 등 수양대군 반대파들도 귀양을 간 후 교살당했다.

든든한 우군들이 사라진 단종은 그야말로 '사상누각'*과 같은 존재가 됐다. 수양대군 세력에 대한 공포감을 못이긴 단종은 2년 뒤 수양대군에게 선위禪位**하고 상왕으로 물러났다. 하지만 단종은 상왕 자리에서도 오래 머물러 있지 못했다. 성삼문, 박팽년, 하위지, 이개 등 집현전 학사 출신의 대신들사육신과 일부 무인들을 중심으로 일어난 '단종 복위운동'이 실패로 돌아가자 단종은 노산군으로 강봉된 후 강원도 영월로 유배를 떠나게 됐다.

단종이 거처했던 영월 청령포는 삼면이 강으로 둘러싸여 있고 육로는 험준한 절벽으로 막혀 있었다. 그런데 유배를 보냈음에도 불구하고 세조가 된 수양대군에게 있어 단종은 지속적인 눈엣가시나 다름없었다. 단종이 살아있는 한 정통성 시비는 끊임없이 불거질 가능성이 높았다. 더욱이 단종 복위운동이 또 다시 일어나면서 수양대군의 위기감은 높아져 갔다. 결국, 수양대군은 강원도 영월에 사람을 보내 단종을 죽이라고 명했다.

---

* 기초가 약하여 오래가지 못하는 것을 뜻하는 고사성어
** 왕이 살아서 임금의 자리를 물려 줌

단종의 최후를 기록한 『세조실록』에는 단종이 자신의 복위 운동을 주도한 송현수가 교형에 처해졌다는 소식을 듣고 상심한 나머지 스스로 자결했다고 나와있다. 이어 세조는 단종의 죽음을 애석하게 여기며 그 시신을 후하게 장사 지냈다고 전해진다. 하지만 『선조실록』에는 단종이 사사賜死된 것으로 나와있고, 정황 상 그 시신도 거의 방치되다시피 한 것으로 보인다. 또한 '야사'에 따르면 금부도사 왕방연이 세조의 명으로 사약을 들고 단종을 찾아왔는데, 왕방연은 차마 단종에게 사약을 건네지 못했고 그저 말없이 엎드려 통곡을 했다. 이를 본 단종은 자신의 최후를 직감하고 자결을 결심했다고 한다. 이때 단종은 자신의 목에 줄을 매고는 줄을 방 밖으로 빼내 하인에게 힘껏 당기게 함으로써 생을 마감했다.

이처럼 아무도 찾아오지 않는 강원도 영월에서 한 많은 삶을 살던 어린 왕은 비정한 권력의 피비린내 앞에서 그렇게 비참한 최후를 맞았다. 이후 단종은 200년도 더 지난 1698년 숙종 때에 이르러서야 비로소 복권될 수 있었다.

3부 :

극적인 상승과 몰락

"...이날 유시(酉時)에 상(정조)이 창경궁(昌慶宮)의 영춘헌
(迎春軒)에서 승하하였는데 이날 햇빛이 어른거리고 삼각산(三
角山)이 울었다."
　　　　　　　　　　　　　　　　　　　　-정조 독살설 中

[11] 중종반정

조선사 최초의 탄핵 사건

: 신하들에 의한 군왕의 교체
　훈구파의 중종반정 전말

연산군일기, 국립중앙도서관 소장

"원래 시기심이 많고 모진 성품을 가지고 있었으며, 또한 자질이 총명하지 못한 위인이어서 문리文理에 어둡고 사무 능력도 없는 사람이었다. 만년에는 더욱 함부로 음탕한 짓을 하고 패악悖惡한 나머지 학살을 마음대로 하고, 대신들도 많이 죽여서 대간과 시종 가운데 남아난 사람이 없었다."_『연산군 일기』中

    1506년연산 12년, 연산군燕山君, 제10대 왕의 광기어린 폭정暴政에 대신들 및 백성들의 반감과 분노는 극에 달했다. 무수한 피의 숙청을 불러온 두 번의 사화士禍*와 사치 및 향락으로 세종, 성종 때 일군 조선의 정치·사회적 발전은 온데간데없이 사라진 상태였다.

    마침내 이를 보다 못한 훈구파勳舊派들을 중심으로 정변이 일어났다. 역사는 이를 '중종반정'中宗反正이라고 부른다. 훈구 세력들은 자신들의 정변을 정당화하기 위해 '반정'反正이라는 명분을 내걸었는데, 이 '반정'은 그릇된 상태에 있던 것을 올바른 상태로 되돌리게 한다는 것을 의미한다. 즉, 연산군이라는 잘못된 왕을 몰아내고 새로운 왕중종·中宗을 세워 나라를 바로 잡으려고 했다는 것이다.

---

* 조선시대 당파 싸움으로 사림 출신의 조정 관리 및 선비들이 반대파인 훈구파에게 몰려 탄압을 받은 사건

표면적으로 왕이 초월적인 존재로 군림하는 유교儒教 국가 조선에서, 신하들에 의해 왕이 쫓겨나가고 그들에 의해 새로운 왕이 즉위即位한다는 것은 당시로서는 매우 생소한 장면이었다. 그럼에도 연산군의 광기와 폭정이 도를 넘어선 만큼 반정의 명분은 충족됐고, 백성들도 이에 호응하는 모습을 나타냈다. 다만, 그렇게 거창한 명분을 내세워 단행한 반정 이후 일련의 개혁 정치는 실패했고, 조선은 훈구권신들의 득세라는 구태舊態로 회귀하게 된다.

조선사 최초의 '탄핵'彈劾* 사건이라고도 불리는 중종반정 전말을 되돌아봤다.

폐비의 아들, 왕위에 오르다

연산군의 친모는 폐비廢妃 윤씨였다. 폐비윤씨는 성종成宗, 제9대 왕의 첫 후궁 출신이었는데, 본래 후궁은 왕비가 되기 어려운 위치였다. 그러나 폐비윤씨는 검소함과 겸손한 처신 등을 크게 인정받아 왕비가 될 수 있었다. 이 당시까지만 해도 성종과 폐비윤씨의 사이는 매우 돈독했다.

하지만 왕비가 된 지 얼마 지나지 않아 폐비윤씨는 이전과는 다른 성품을 나타내기 시작했다. 무엇보다 성종이 다른 후

---

* 고급 공무원의 위법행위에 대하여 헌법에 따라 소추하여 처벌하거나 파면하는 제도

궁들과 함께 하는 것을 질투했고, 이러한 감정을 왕과 신하들 앞에서 여과 없이 표출했다.

당시 성종은 주요순晝堯舜, 야걸주夜桀紂로 불렸다. 이 말은 낮에는 요순이요, 밤에는 걸주라는 뜻이다. 성종이 낮에는 중국 고대의 전설적인 명군인 요임금, 순임금과 같이 국정을 잘 돌봤지만, 밤에는 중국의 대표적인 폭군인 하나라 최후의 왕 '걸'과 은나라 최후의 왕 '주'처럼 여색女色을 밝혔다는 것이다.

시간이 갈수록 이에 대한 폐비윤씨의 질투와 시기심은 높아졌는데, 실록에 따르면 성종은 이와 관련해 "윤씨는 짐성종을 온화한 얼굴로 대한 적이 없다. 내 발자취를 없애겠다고까지 했다"고 전하고 있다.

급기야 폐비윤씨에게 불행한 결말을 가져다주는 중대한 사건이 발생했다. 어느 날 성종과 폐비윤씨가 성종의 여색 문제로 말다툼을 벌이고 있었는데, 폐비윤씨가 성종의 얼굴에 손톱으로 상처를 낸 것이다. 왕의 얼굴인 용안龍顔에 상처를 냈다는 것 자체는 중죄重罪에 해당했다.

이 사건을 계기로 조정은 발칵 뒤집혔다. 특히 성종의 어머니인 인수대비仁粹大妃는 성종을 직접 불러 왕비를 폐할 것을 강하게 요구했다.

다른 대신들의 경우 처음엔 추후 세자世子가 될 수 있는 사람의 친모라는 이유로 폐비를 반대했지만, 인수대비의 강한 의

지와 성종의 결단으로 마지못해 찬성했다.

결국 폐비윤씨는 궁궐에서 쫓겨났고, 폐서인廢庶人*으로 강등降等된 후 사가에 머물게 됐다.

1482년, 연산군이 7살이 되면서 한 때 세자 책봉 논의와 더불어 폐비윤씨 복권復權** 주장도 제기됐지만, 인수대비의 강한 반대와 소용 정씨 및 엄씨의 모함으로 복권은 무산됐다. 그런데 그 해 여름에 전국에 기근이 들자 대신들은 폐비윤씨가 굶어 죽을 것 등을 우려해 성종에게 별궁 안치를 청했다. 이에 따라 옛 정이 다소 남아있던 성종은 은밀히 내관이었던 안중경을 보내 폐비윤씨의 동정動靜을 살피게 했다.

당시 폐비윤씨는 특별히 문제가 될 만한 행동을 하지는 않았던 것으로 추정된다. 그러나 사전에 인수대비에게 밀명密命을 받은 안중경은 폐비윤씨가 반성의 기미를 전혀 보이지 않고 여전히 성종에 대한 원망을 늘어놓고 있다는 거짓 보고를 올렸다. 여기에 폐비윤씨의 기행奇行들을 낱낱이 기록한 정희왕후의 언문서한까지 더해지면서, 분개한 성종은 폐비윤씨에게 '사약'賜藥이라는 극형을 내리게 된다.

사사賜死를 당한 후 동대문 밖에 묻혔던 폐비윤씨는 처음엔

---

* 벼슬이나 신분적 특권을 박탈하여 서인이 되게 함
** 형의 선고나 파산으로 인하여 상실 또는 정지된 일정한 자격을 회복시키는 제도

묘비도 없었다. 그로부터 7년 후 세자인 연산군의 앞날을 걱정한 성종은 '윤씨지묘'라는 묘비명을 쓰게 했고, 장단도호부사에게 제사를 지내게 했다. 성종은 죽기 전 향후 100년 간 폐비윤씨의 일을 거론하지 말라는 유언을 남겼다.

연산군은 폐비의 자식이었던 만큼, 당초 왕위에 오르지 못할 수도 있었다. 하지만 성종의 의지와 장자長子라는 정통성이 부각되면서, 1494년 연산군은 성종의 뒤를 이어 19세의 어린 나이로 즉위했다. 성종의 정실 소생이었던 진성대군후 중종은 연산군이 세자로 책봉될 때 아직 태어나기 전이기도 했다. 왕위에 오를 즈음 연산군은 어머니 폐비윤씨 사건에 대해서는 아직 모르고 있었던 것으로 추정된다.

밀려오는 먹구름, 사화 士禍

연산군은 즉위 초에는 별다른 문제없이 비교적 안정적으로 국정을 운영했다. 연산군 때에는 그동안의 농업진흥 정책 등에 힘입어 산업구조상의 변화가 발생했다. 우선 지방 장시場市가 크게 확대됐고, 수리시설 및 시비법 개선에 따른 연작상경連作常耕의 집약적 농업기술의 발달로 구매력이 증대돼 전국적인 유통 경제망이 형성됐다. 또한 중국과의 사무역이 증가했고, 국내 은광업이 눈에 띄게 발달했다. 성종 때의 태평성대 분위기가 아직 남아있었고, 성종이 중용한 사림士林 세력들이 성하면서 국가의 질서가 유지되고 있었다. 사림은 성리학性理學적 질서와 왕도정치王道政治*를 표방했다.

그러나 이 같은 상황 가운데 재위 약 3년 째부터 조금씩 먹구름이 밀려오기 시작했다. 연산군은 이 시기를 전후해 폐비윤씨의 사건을 처음으로 인지했던 것으로 보인다. 실록에 따르면 "왕이 비로소 윤씨가 죄로 인해 폐위되어 죽은 줄을 알고, 수라水剌를 들지 않았다"고 전하고 있다. 이에 연산군은 폐비윤씨의 신주와 사당을 세우고 왕비로 추숭追崇**하는 의식을 거행하려고 했다. 하지만 사림 세력이 중심이 된 대간臺諫들은 성종의 유언 등을 이유로 대놓고 반대했다. 연산군은 굴하지 않고 성종의 3년상喪이 끝난 직후 폐비윤씨의 묘를 개장 및 격상하는 작업을 강행했다.

이런 과정을 거치면서 연산군과 사림 세력 간에 갈등의 골이 깊어졌는데, 그동안 숨죽이고 있던 훈구파가 나서서 이 갈등에 불을 질렀다. 훈구파는 조선 초기 세조世祖, 제7대 왕의 집권을 도와 공신이 되면서 정치적 실권을 장악한 세력을 말한다. 훈구파의 권세는 이후 성종 때에 사림 세력이 득세得勢하면서 점차 축소됐다. 사림 세력은 스승 김종직의 주장을 기반으

---

* 덕망있는 사람이 도덕적으로 어두운 사람을 다스려야 한다는 중국의 옛 정치사상
**제왕의 자리에 오르지 못하고 죽은 사람에게 제왕의 칭호를 주는 일

로 훈구파의 정치적 기반이었던 세조의 왕위 찬탈을 격하格下했고, 단종의 정통성을 공개적으로 내세웠다.

연산군은 사림 세력의 폐비윤씨에 대한 태도와 자신의 할아버지인 세조 격하 움직임을 대단히 못마땅하게 여겼고, 적절한 시기에 사림 세력을 내칠 것을 모색했다. 이런 가운데 1498년 훈구파의 일원이었던 유자광과 이극돈은 사관들이 역사적 사실을 기록한 사초史草에서 김종직이 작성한 조의제문弔義帝文을 발견해 연산군에게 보고했다. 조의제문은 1457년에 문신학자였던 김종직이 단종을 죽인 세조를, 의제를 죽인 항우項羽에 비유하며 은근히 비난한 문서였다. 이를 통해 확실한 명분을 확보한 연산군은 눈엣가시였던 사림 세력을 대거 숙청肅淸하기 시작했는데, 역사는 이를 '무오사화'戊午士禍라고 부른다. 조선시대 첫 사화였던 무오사화는 매우 잔인하게 진행됐다. 심지어 김종직은 이미 죽었지만 묘가 파헤쳐져 목이 잘리는 부관참시剖棺斬屍를 당하기도 했다.

무오사화를 통해 사림 세력을 거의 몰아낸 연산군은 자신이 갖고 있는 왕권의 위력을 새삼 절감했다. 자신감이 오른 연산군은 훈구파와도 대립하는 모습을 보였다. 연산군은 자신의 향락 등에 사용하기 위해 훈구파 등으로부터 세금을 거둬 상당한 반발을 불렀다. 이런 가운데 임사홍에게 폐비윤씨와 관련한 구체적인 내용을 접수한 연산군은 이를 빌미로 폐비윤씨의 사사와 관련된 윤필상, 이극균, 성준, 이세좌 등 훈구파 재상들을 대거 숙청했다. 이것이 1504년에 발생한 '갑자사화'^{甲子士禍}다. 갑자사화는 그 숙청의 규모 면에서 무오사화를 능가했는데, 비단 훈구파 뿐만이 아닌 나머지 사림 세력도 모조리 숙청됐고 피해자의 자녀와 가족, 동족까지 연좌^{緣坐}*되기에 이르렀다.

광기의 심화

매우 폭력적인 두 차례의 사화로 인해 연산군의 견제 세력은 사실상 사라졌다. 연산군은 권력을 독점했고, 더 이상 거칠 것이 없는 광기^{狂氣}를 표출한다. 평소 마음에 들지 않는 사람들을 서슴없이 죽이거나 유배를 보냈고, 매일 연회를 열어 주색^{酒色}을 탐했다.

특히, 궁궐 안으로 수많은 기생들을 들여왔는데, 이들을 흥청^{興淸}, 계평^{繼平}, 속홍^{續紅} 등으로 나눠 불렀다. 여기서 왕과 잠자리를 가진 자는 천과흥청^{天科興淸}, 왕을 지근거리에서 모신 자는 지과흥청^{地科興淸}이라고 했다. 대신들에게는 홍준체찰사^{紅駿體察使}란 칭호를 부여한 후 서울과 지방 공천^{公賤}의 처첩 및 창기 등을 색출해 각 원^院에 나눠서 두게 했다. 아울러 성균관을 흥청들과의 놀이터로 사용했고, 서울 동북쪽 100리를 금표로 지

---

* 부자, 형제, 숙질의 죄로 무고하게 처벌을 당하는 일

정해 사냥터를 조성하기도 했다. 이 같은 연산군의 향락에 엄청난 비용이 들어가면서 국가의 재정은 악화됐고, 그 부담은 고스란히 백성들의 몫이 됐다.

연산군의 광기는 여기서 멈추지 않았다. 종실宗室* 여인이나 사대부의 부인들도 연산군은 갖은 수를 써가며 취했다. 특히 성종의 친형이자 연산군의 백부인 월산대군의 부인 박씨를 겁탈劫奪하기도 했는데, 이후 박씨는 수치심을 견디지 못해 자결하고 말았다. 박씨 겁탈 사건은 추후 중종반정의 직접적인 도화선導火線으로 작용했다.

또한 연산군은 자신을 비난하는 자는 온갖 고문을 가해 죽였다. 당시 연산군이 행했던 형벌을 보면 '포락'炮烙, 단근질 하기, '착흉'斲胸, 가슴 빠개기, '촌참'寸斬, 토막토막 자르기, '쇄골표풍'碎骨瓢風, 뼈를 갈아 바람에 날리기 등이 있었다. 실제 연산군 면전에서 대놓고 간언諫言했던 환관 김처선은 이와 같은 형벌을 당한 후 숨졌다.

성종의 친모이자 조정의 가장 큰 어른이었던 인수대비도 연산군의 광기에서 벗어나지 못한 것으로 전해진다. 어머니 폐비윤씨의 죽음에 인수대비가 깊게 관여한 것을 알게 된 연산군은 직접 인수대비의 처소에 들이닥쳐 그를 머리로 들이받았고, 인수대비가 보호하고 있던 성종의 두 후궁 엄귀인과 정귀인을

---

* 임금의 친족

궁궐 뜰로 끌고 나와 때려 죽였다. 다만, 일각에서는 연산군이 인수대비 등에게 가했던 광기는 다소 과장된 측면이 있다는 의견도 나온다. 정황으로 봤을 때 당시 현장에 사관史官이 부재한 것으로 추정되며, 이전에 인수대비에게 적지 않은 효심을 보여 줬던 연산군이 갑작스레 돌변한 것도 쉽사리 이해가 되지 않는 다는 것이다. 그럼에도 연산군의 광기 및 폭정이 전반적으로 심각하게 행해졌다는 것은 역사가들의 공통된 의견이다.

중종반정

이 즈음 궁궐 안팎에서는 연산군에 대한 반감이 극에 달했고, 반란을 모색하는 세력이 한둘이 아니었던 것으로 알려졌다. 이 중 가장 큰 반감을 갖고 기민하게 움직였던 사람은 박원종이었다. 그는 연산군이 겁탈해 자결한 월산대군 부인 박씨의 친동생이었고, 과거 성종 때에는 부승지副承旨*에 올랐으며 연산군 때에는 도총관都摠管**을 역임하고 있었다. 박원종은 친누나의 원수를 갚고 연산군의 폭정을 단죄할 것을 결심한 후 훈구파 계열인 재상 성희안, 유순정 등과 손잡고 세력을 규합해 나갔다.

----

* 조선시대 승정원의 정3품 당상 관직
** 조선시대 오위도총부에서 군무를 총괄하던 최고 군직

이들은 마침내 거사일을 확정했고, 차기 왕으로 자순대비 윤씨의 소생인 진성대군을 추대하기로 했다. 거사의 명분은 '반정', 그릇된 상태를 올바른 상태로 되돌린다는 것이었다. 연산군의 폭정 및 광기를 감안할 때 거사의 명분은 나름 갖춰진 셈이었다. 박원종 등은 우선 삼정승에게 은밀히 거사 계획을 흘렸는데, 영의정 유순과 우의정 김수동은 찬성했지만 연산군의 처남이자 진성대군의 장인이었던 좌의정 신수근은 "세자가 총명하니 참는 것이 좋겠다"면서 찬성하지 않았다.

이에 박원종 등은 계획이 누설될 것을 염려해 거사를 앞당겼고, 1506년 9월 2일 밤에 군자감부정 신윤무, 군기시첨정 박영문, 전수원부사 장정 등과 일단의 무사들을 훈련원에 소집한 후 이들을 거느리고 창덕궁으로 진격했다. 반정군이 진격하는 동안 백성들이 호응했고, 궁궐 안팎의 저항은 크지 않았던 것으로 전해진다. 반정군은 궁궐로 무난하게 진입한 후 연산군의 최측근이었던 임사홍, 김효선 등과 반정에 반대했던 좌의정 신수근, 신수영 형제를 척살했다.

이후 궁궐을 완전히 장악한 반정군은 자순대비를 찾아가 반정 소식을 알렸고, 연산군을 폐위하고 차기 왕으로 진성대군을 추대한다는 교지敎旨를 내려줄 것을 청했다. 자순대비는 처음엔 사양하는 모습을 보였지만, 계속된 간청에 결국 이를 허락하는 비망기備忘記를 내렸다.

한편, 반정을 접한 연산군은 별다른 저항을 하지 않고 순순히 운명을 받아들였던 것으로 전해진다. 실록에 따르면 "연산군은 '내 죄가 중대하여 이렇게 될 줄 알았다. 좋을 대로 하라'고 하며 곧 시녀를 시켜 옥새를 내어다 주게 하였다"라면서 "연산군이 내전문으로 나와 땅에 엎드리면서 '내가 큰 죄를 지었는데도 특별히 임금의 은혜를 입어 죽지 않게 되었습니다'라고 하였다"고 전하고 있다.

반정이 성공한 당일 진성대군은 19세의 나이로 근정전勤政殿에서 중종으로 즉위했고, 폐위된 연산군은 강화도 교동으로 유배를 간 후 1506년 11월에 병사했다. 연산군은 광해군光海君, 제15대 왕과 더불어 조선 시대의 몇 안 되는 폐주廢主였고, 왕실 족보인 '선원계보'璿源系譜에 묘호 및 능호 없이 일개 왕자의 신분으로만 기록되는 비참한 운명을 맞았다.

개혁의 실패

중종반정 이후 박원종 등 반정 세력은 이른바 공신功臣 세력이 돼 조정의 실권을 장악했다. 별다른 준비 없이 갑작스레 왕위에 오른 중종은 이들 공신 세력에게 휘둘리기 일쑤였다. 물론 공신 세력은 연산군 때의 여러 잘못들을 바로잡으려고 노력했지만, 막강한 권력을 등에 업고 부패와 전횡專橫도 일삼아 반정의 명분을 퇴색하게 만들기도 했다.

시간이 지나면서 중종은 이들에게서 벗어나 자신만의 색깔을 갖춘 개혁 정치를 하기를 원했다. 이러한 방편으로서 사림파의 명맥을 잇는 인물인 조광조趙光祖를 등용했다. 중종 개혁 정치의 요체는 유교적 왕도정치 구현이었는데, 조광조의 도학道學정치론이 이에 부합한다고 봤던 것이다.

중종의 후원을 받은 조광조는 언로言路를 확충하기 위해 대간의 위상을 강화했고, 향촌의 자치 규약인 향약鄕約을 실시해 백성을 유교적 윤리로 교화하려 했다. 또한 과거 제도를 대신해 천거 제도인 현량과賢良科를 도입, 인재 등용의 새로운 길을 열었다. 이러한 조치들은 결과적으로 사림들이 중앙 정계에 적극 진출하는 발판이 됐다. 이후 조광조는 국가적인 도교 제사를 주관하는 관청인 소격서昭格署를 혁파했고, 대간을 앞세워 정국공신 중 공이 없으면서도 공신의 지위를 얻은 76명에 대한 위훈偉勳을 삭제할 것을 끈질기게 주장한 끝에 관철시켰다.

하지만, 이 같은 조광조의 과감하고 급진적인 개혁 정책들은 보수적인 훈구파의 극심한 반발을 불러왔다. 연산군 이전부터 나타난 훈구파와 사림 세력들 간의 갈등이 다시금 재연되는 모습이었다. 아울러 더 큰 문제는 중종의 우유부단한 성품에 있었다. 당초 개혁 정치를 목표로 했던 중종에게서 서서히 이에 대한 의지가 사그라졌고, 되레 중종은 조광조 등의 개혁 정책들 및 군주의 자질 등을 지나치게 강조하는 것 등에 부담과

염증을 느끼기 시작했다.

조광조 및 사림 세력들에게서 중종의 신임이 떨어져 나가고 있다는 것을 직감한 훈구파는 조광조 등이 국정을 농단하고 있다며 탄핵을 주장했다. 이런 가운데 조광조 및 사림 세력들의 몰락에 결정적인 영향을 미치는 '주초위왕走肖爲王' 사건이 발생했다. 궁궐 후원에서 '주초위왕'이라는 글씨의 형태로 벌레가 갉아먹은 나뭇잎이 발견됐는데, 여기서 '주초'란 조趙를 파자破字한 것으로 '조씨가 왕이 된다'는 것을 의미했다. 이는 훈구파였던 남곤이 사전에 나뭇잎에 꿀로 글씨를 써서 공작工作한 일이었지만, 이를 계기로 종종은 조광조를 비롯한 사림 세력들을 대대적으로 숙청하게 된다. 이것이 1519년에 일어난 '기묘사화己卯士禍'다.

기묘사화 이후 조광조는 물론 중종의 개혁 정치는 완전히 실패로 돌아갔다. 무엇보다 우유부단한 용군庸君이었던 종종이 스스로 이 같은 실패를 자초한 것이었다. 이후 조정에는 다시 훈구권신들이 득세하게 됐고, 중종 말기부터 인종, 명종 등에 이르기까지 무수한 권신들 간의 권력 다툼이 이어져 조선은 큰 혼란에 빠지게 된다.

[12] 인조반정

병자호란 비극의 단초

: 실리를 버리고 명분만을 쫓은 사대의 극치
  서인 일파의 인조반정 전말

삼전도의 치욕. 삼배구고두례 三拜九叩頭禮

김상헌^{주전파} "명길이 칸을 황제 폐하라 칭하고 전하를 칸의 신하라 칭했으니, 전하께서는 명길의 문서를 두 손에 받쳐들고 칸 앞에 엎드리시겠습니까. 무릎을 꿇고 술을 따르라고 하면 술을 따라 올리시겠습니까."

최명길^{주화파} "전하, 강한 자가 약한 자에게 못할 짓이 없는 것과 같이, 약한 자 또한 살아남기 위해 못할 짓이 없는 것이옵니다."

김상헌 "명길이 말하는 삶은 곧 죽음이옵니다. 신은 차라리 가벼운 죽음으로 죽음보다 더 무거운 삶을 지탱하려 하옵니다."

최명길 "죽음은 가볍지 않사옵니다 전하. 상헌이 말하는 죽음으로써 삶을 지탱하지는 못할 것이옵니다."

김상헌 "명길은 삶과 죽음을 구분하지 못하고, 삶을 죽음과 뒤섞어 삶을 욕되게 하는 자이옵니다."

최명길 "죽음은 견딜 수 없고, 치욕은 견딜 수 있사옵니다. 전하, 만백성과 함께 죽음을 각오하지 마시옵소서."

김상헌 "한 나라의 군왕이 오랑캐에 맞서 떳떳한 죽음을 맞을지언정 어찌 만백성이 보는 앞에서 치욕스런 삶을 구걸하려 하시옵니까. 신은 차마 그런 임금은 받들 수도 지켜볼 수도 없으니, 지금 이 자리에서 신의 목을 베소서."

최명길 "무엇이 임금이옵니까. 오랑캐의 발밑을 기어서라도 제나라 백성이 살아서 걸어나갈 길을 열어줄 수 있는 자만이, 비로소 신하와 백성이 마음으로 따를 수 있는 임금이옵니다. 지금 신의 목을 먼저 베시고, 부디 전하께선 이 치욕을... 견뎌주소서."

_영화 『남한산성』中

1636년 병자년에 발발한 '병자호란'丙子胡亂은 우리나라 역사에서 가장 치욕적인 사건 중의 하나로 꼽힌다. 그동안 그저 변방의 오랑캐로 여겨졌던 여진족이 세운 후금後金, 청淸나라에게 군사적으로 철저히 공략당한 것은 물론, 임금인조이 직접 삼전도三田渡에 나와 청 태종인 '홍타이지'皇太極 앞에서 머리를 조아리는 '삼배구고두례'三拜九叩頭禮를 하며 임금청나라과 신하조선의 관계인 군신君臣 맹약을 체결했다. 조선의 임금과 대신들은 치욕에 몸서리를 쳤고, 백성들의 사기는 땅에 떨어졌다.

이 같은 병자호란 비극의 단초는 13년 전으로 거슬러 올라간다. 1623년, 서인西人 일파가 무력을 동원해 정변을 일으켜 당시 임금이었던 광해군光海君, 제15대 왕을 쫓아내고, 그의 조카인 능양군綾陽君 종倧을 왕으로 옹립한 '인조반정'仁祖反正이 발생했다. 서인들이 반정의 이유로 제시한 것은 바로 광해군의 중립외교中立外交와 어머니 인목대비仁穆大妃를 폐위하고 영창대군永昌大君을 죽인 폐모살제廢母殺弟였다.

특히 중립외교와 관련, 광해군은 당시 요동치는 국제정세에 대해 깊은 통찰력을 갖고 있었고, 이전과는 다른 파격적인 외교 정책을 선보였다. 그동안 부모의 나라로 여겼던 명(明)나라가 기울고 새롭게 후금이 부상하는 만큼, 그 두 나라 사이에서 중립을 지키며 실리(實利)를 챙기는 것이었다. 하지만, 이는 유교적 세계관에 입각한 대의명분(大義名分)에 경도(傾倒)돼 있었던 서인들에게는 있을 수 없는 일이었다.

냉정한 현실 인식을 기반으로 한 실리 추구를 저버리고 친명배금(親明排金, 명과 친하고 금을 배척한다)이라는 알량한 명분만을 내세우며 단행한 인조반정은 당시 조선에 뿌리 깊게 박혀있었던 사대주의(事大主義)의 극치를 보여주는 사건이었고, 이로 말미암아 추후 비극적인 상황이 초래되며 나라의 운명은 큰 위기에 빠져들고 말았다.

전후 복구와 중립외교

1608년에 즉위한 광해군 앞에 놓인 것은 도탄(塗炭)에 빠진 나라와 백성들이었다. 7년 가까이 계속된 임진왜란(壬辰倭亂)은 전국을 파괴했고, 조선은 쉽사리 회복되지 못할 것처럼 보였다. 광해군은 아버지 선조(宣祖)와 함께 임진왜란을 몸소 겪으면서 전쟁으로 인한 참사를 뼈저리게 목격했고, 추후 자신이 나라와 백성을 위해 무엇을 해야 할 지를 깊이 새겼다. 광해군은 우선 임진왜란으로 파괴된 사고史庫를 정비했고, 군적 정비를 위한 호패법號牌法을 시행했다. 또한 토지의 실제 경작 상황을 파악해 탈세를 방지하고 국가 재원을 확보하기 위한 양전量田도 시행했다.

그리고 현재까지도 광해군의 주된 업적으로 평가를 받는 '대동법'大同法을 시행했다. 대동법은 백성들이 부담하는 공물을 실물 대신 미곡으로 통일해 납부하도록 한 근대적 개념의 세제다. 기존 공납은 지역 별로 배정된 품목을 직접 바쳤기 때문에 백성들의 부담이 상당했다. 더욱이 해당 지역에서 생산되지 않는 특산품이 공물로 배정되는 방납防納*의 폐단도 있었다. 이를 완화하기 위해 임진왜란 때 '대공수미법'代貢收米法이 시행되기도 했는데, 이 대공수미법을 보완, 확대한 것이 바로 대동법이었다. 대동법을 통해 백성들의 부담과 방납의 폐단이 완화됐고, 시전市廛**과 화폐경제도 발달했다.

이처럼 내정 측면에서 큰 치적治績을 일군 광해군은 시야를 넓혀 국제정세를 살폈다. 당시 국제정세는 요동치고 있었다. 기존 중원中原의 지배자였던 명나라가 쇠퇴하고 신흥 강자로 누

---

* 조선시대, 하급관리나 상인들이 공물을 나라에 대신 바치고, 그 대가로 백성들에게 더 많은 것을 받아 내던 일

** 나라의 수도나 도시에 설치된 상설 시장

르하치奴爾哈齊의 후금이 부상하고 있었다. 명분과 의리를 중시하는 유교 국가 조선에서는 명나라의 편을 드는 것이 당연한 것으로 여겨졌다. 그러나 광해군의 생각은 달랐다.

명나라와 후금청나라 간 전쟁의 결과가 불투명하기 때문에, 어느 한 쪽의 편을 일방적으로 들지 않는 것이 좋겠다는 결론을 내렸다. 유연하게 중립을 취하며 조선의 실리를 추구하겠다는 것이었다. 이에 따라 명나라가 후금을 공격하기 위해 조선에 지원군을 요청했을 때 광해군은 여러 핑계를 대며 지원군 파견을 지체했다. 이후 명나라의 요구가 계속돼 마지못해 강홍립 장군을 통해 1만3000명의 지원군을 보냈지만, 광해군은 출병 전 강홍립에게 은밀하게 명나라의 명령을 따르지 말고 독자적으로 움직일 것을 지시했다. 강홍립은 이 명령에 기반해 후금과의 교전交戰을 회피하는 모습을 보였고, 적절한 시점에 후금과 휴전休戰을 맺고 귀국했다. 결과적으로 이 같은 광해군의 중립적인 실리 외교는 성공을 거뒀고, 조선은 명나라와 후금의 전쟁에 말려들지 않을 수 있었다.

위기감 고조, 폐모살제

다만, 광해군은 태생적 한계 및 왕위 계승과 관련한 나름의 콤플렉스를 갖고 있었다. 우선 광해군은 장자長子가 아니었고, 정비 소생의 아들도 아닌 후궁 출신 공빈 김씨의 아들이었다.

원래는 장자였던 임해군이 왕위에 올라야 했지만, 난폭한 성격이 발목을 잡았다. 선조는 임진왜란으로 피난을 가면서 후사^{後嗣}를 정하지 않을 수 없었는데, 주변의 평판이 좋은 광해군을 최종적으로 선택했다. 이에 따라 광해군은 태생적 한계에도 불구하고 차기 대권에 안착한 것처럼 보였다.

그러나 선조와 중전인 인목대비 사이에서 뒤늦게 왕자가 출생했는데, 이가 바로 영창대군이다. 선조는 늦둥이였던 영창대군을 매우 총애했고, 대신들 앞에서도 이를 숨기지 않았다. 그러자 대신들 사이에서는 후사와 관련해 선조의 정확한 의중^{意中}이 도대체 무엇인지에 대한 엇갈린 해석들이 난무하기 시작했다. 이런 가운데 선조의 병이 깊어졌고, 경황이 없어진 선조는 대신들의 건의를 받아들여 광해군에게 선위^{禪位}를 했다. 선위를 할 당시에도 영창대군을 염두에 뒀던 영의정 유영경 등이 선조의 선위 교서를 감췄다가 발각되는 일이 일어나기도 했다. 이 같은 우여곡절들을 가까스로 넘긴 후 광해군은 조선의 제15대 왕으로 즉위할 수 있었다.

문제는 광해군이 즉위한 후에도 태생적 한계 등에 기반해 왕권에 위협으로 느낄 만한 움직임이 있었고, 위기감이 고조된 광해군과 당시 집권 여당격이었던 대북파^{大北派}는 이에 민감하게 반응했다는 것이다. 그러다 보니 광해군 즉위 초 대북파와 서인 등이 권력을 분점^{分占}하는 화목한 모습은 사라졌고, 비극적인 결말로 치닫는 무리수들이 나오게 됐다. 우선 친형인 임해군은 동생에게 왕위를 빼앗겼다는 생각에 분을 참지 못하고 지속적으로 광해군의 국정을 비판하고 다녔다. 보다 못한 대북파는 형제여도 왕법에 위배되는 짓을 하면 형벌을 가해야 한다는 '할은론'割恩論을 내세우며 임해군을 엄히 다스릴 것을 요구했다. 여기에 명나라에서 광해군이 임해군 대신 왕위를 물려받은 경위를 묻기 위해 조사단을 파견한 것도 임해군 처단 목소리에 힘을 실었다. 결국, 임해군은 교동도에 유배를 갔다가 사약을 받고 죽음을 맞이했다.

광해군과 대북파의 위기감은 급기야 '폐모살제' 마저 불러왔다. 이들에게 매 순간 가장 큰 걸림돌로 여겨졌던 것은 바로 잠재적 대권 주자인 영창대군의 존재였다. 그러던 중 1613년 서자 출신 일곱 명의 도적질을 심문하던 과정에서 서인 박순의 서자 박응서가 "김제남과 몰래 통해 영창대군을 임금으로 삼으려 했다"고 허위 자백하면서 이른바 계축옥사癸丑獄事가 일어났다. 이 사건의 결과로 대북파는 영창대군을 지지하던 소북파를 완전히 몰아냈고, 눈엣가시였던 영창대군도 서인으로 강등시킨 후 강화도에 위리안치圍籬安置*했다가 이이첨의 사주로 불에 태워 죽였다.

---

* 죄인을 배소에서 달아나지 못하도록 가시로 울타리를 만들고 그 안에 가둠

더 나아가 대북파는 광해군에게 인목대비도 폐위(廢位)할 것을 주청했다. 당연하게도 영창대군의 친모인 인목대비가 광해군의 조치에 여과 없는 불만을 드러냈기 때문이다. 인목대비는 광해군에게도 어머니였기 때문에 광해군은 쉽사리 결정을 내리지 못했다. 그러나 후환(後患)을 염려한 광해군은 결국 인목대비에게서 '대비'라는 존호(尊號)를 지우는 등 모든 특권과 대우를 박탈한 후 서궁에 유폐시켰다.

인조반정

당시 폐모살제에 대한 여론은 대체로 좋지 않았다. 그도 그럴 것이 조선은 '효(孝)'를 중시하는 유교 국가였기 때문이다. 특히 유교적 세계관에 입각한 대의명분 등을 중시했던 서인들은 폐모살제 뿐만 아니라 광해군의 중립외교도 크게 문제삼고 있었다. 이에 따라 서인들은 더 이상 참지 못하고 1620년부터 반정을 모의(謀議)하게 된다. 추후 인조(仁祖), 제16대 왕가 되는 능양군은 반정 모의 초기 단계부터 참여한 것으로 전해진다.

짧지 않은 준비 기간을 가진 후 서인들은 1623년 3월 13일 새벽을 거사일로 확정했다. 그런데 거사에 함께 하기로 했던 일부 사람들의 밀고(密告)로 인해 거사 계획이 사전에 알려지는 불상사가 발생했다. 다급해진 서인들은 조정 관군에 의해 진압을 당하기 전에 거사일을 앞당겨 먼저 선수(先手)를 치기로 했다.

반정군의 총사령관이었던 김류와 이중로, 이귀, 최명길 등은 각각 군사를 이끌고 홍제원에 모였고, 능양군은 일부 반정군과 함께 대궐로 직행했다. 반정군의 행보는 생각보다 순탄했다. 그들은 창의문을 가볍게 돌파한 후 창덕궁 앞에 당도했고, 사전에 포섭된 훈련대장 이흥립 등의 도움을 받아 궁궐을 완전히 장악했다. 광해군은 반정에 대한 첫 보고를 받았을 때 그동안의 경험에 비춰 대수롭지 않게 생각해 신속한 대응을 하지 않는 실수를 범한 것으로 알려졌다.

이후 반정군은 서궁에 유폐됐던 인목대비를 찾아가 거사 소식을 알렸다. 반정군은 인목대비를 복권시킨 후 그의 권위를 빌려 광해군을 폐위시키고 능양군을 왕위에 추대했다. 반정군이 궁궐에 진입할 무렵 궁궐 밖으로 달아났던 광해군은 얼마 안가 체포돼 인목대비 앞으로 끌려와 무릎을 꿇게 됐고, 서인으로 강등된 후 유배 길에 올랐다. 광해군은 강화도와 제주도 등지에서 무려 18년 동안 유배 생활을 하게 된다.

혹독한 후과後果

반정으로 출범한 인조 정권은 즉각적으로 광해군의 중립외교 정책을 폐기했다. 이에 따라 조선은 다시금 친명배금 기조를 명확히 했고, 후금에 대해 적대적인 태도를 취했다. 심지어 후금에서 보낸 사신使臣을 내쫓고 국서國書를 찢어버리기까지

했다. 또한 추후 청나라에 간 조선의 사신들은 청나라 황제 앞에서 고개를 숙이지도 않았다고 한다. 그 당시 중원에서는 후금의 위세가 눈에 띄게 높아진 상황이었지만, 인조 정권은 이같은 국제정세를 전혀 아랑곳하지 않았다.

이러한 태도는 후금을 자극했고, 1627년 '정묘호란'丁卯胡亂을 촉발시켰다. 강력한 후금 군대는 파죽지세破竹之勢로 남하했고, 인조 및 대신들은 강화도로, 소현세자는 전주로 급히 피난을 갔다. 이런 가운데 조선 각지에서 의병들이 들고 일어나 후금군을 곤경에 빠뜨리기도 했다. 후금은 조선에 오래 머무를 수 없었던 만큼 조선과 형제의 맹약을 맺은 후 철수했다. 그나마 이 때까지는 명나라와 외교 관계를 유지할 수 있었기 때문에 양호한 형편이었다.

하지만 9년이 지난 1636년 후금은 국호를 '청'으로 바꾸고, 조선에 명나라와의 외교 관계 단절과 '군신의 의'를 요구했다. 조선은 후금과 형제 관계를 맺은 것도 치욕적인데, 군신 관계로 전환하는 것은 결코 있을 수 없는 일이라고 반발했다. 결국, 그해 12월에 맹장 용골대龍骨大가 이끄는 청나라 10만 대군이 압록강을 넘어 조선을 전면적으로 침공했다. 청나라 군의 남하속도는 정묘호란 때보다 훨씬 빨라 인조는 미처 강화도로 피난을 가지 못하고 남한산성南漢山城에 발이 묶이게 됐다.

이 당시 남한산성을 방어하는 군사들은 고작 1만3000여 명에 불과했고, 식량도 겨우 50여 일을 버틸 수 있는 수준에 그쳤다. 반면, 청나라 군대는 충분한 준비를 한 상태로 호기롭게 남한산성을 포위하고 있었다. 더욱이 청나라 황제인 홍타이지가 친히 전장에 왔다. 이는 성문을 밖이 아닌 안에서 스스로 열게 만들려는 일종의 심리전 성격이 짙었다.

시간이 갈수록 추위와 배고픔 등으로 인해 성 안의 상황은 심각해졌다. 임금을 구원하기 위해 각 도의 관찰사 등이 이끌고 온 관군들은 목적지에 도달하기도 전에 청나라 군대에 의해 속절 없이 무너졌다. 이렇게 되자 성 안에서는 오랑캐인 청나라와 끝까지 싸우자는 김상헌 등 주전파主戰派의 주장이 힘을 잃기 시작했고, 훗날을 도모하기 위해 일단 청나라와 화친和親을 하자는 최명길 등 주화파主和派의 주장에 힘이 실렸다. 결국, 인조는 주화파의 주장을 채택했고, 최명길이 작성한 국서를 통해 청나라 황제에게 화호和好를 청했다.

그러나 홍타이지는 결코 호락호락하지 않았다. 국서를 보낼 것이 아니라 인조가 직접 자신 앞에 나와 머리를 조아리고 항복 선언을 하라고 요구했다. 강도 높은 요구에 당황한 인조와 대신들은 즉각 화답하지 않고 또 다시 망설이면서 시간을 허비했다. 이런 가운데 봉림대군 등 일부 왕자들이 피난을 가있던 강화도가 함락陷落됐다는 소식이 전해졌다.

인조로서는 더 이상 남한산성에서 버틸 여력이 없었다. 인조는 청나라에서 제시한 11개의 굴욕적인 항복 조문을 모두 수용한 후 1637년 1월 30일 소현세자와 함께 서문으로 출성^{出城}해 한강 동편 삼전도에서 '성하^{城下}의 맹^盟'의 예를 행했다. 청나라 황제 앞에 선 인조는 '일고두'^{一叩頭}, '재고두'^{再叩頭}, '삼고두'^{三叩頭}의 호령에 따라 양 손을 땅에 댄 다음 이마가 땅에 닿을 듯 머리를 조아리는 행동을 3차례 했고, '기'^起의 호령에 따라 일어섰다. 일설에 따르면, 땅에 머리를 박은 인조의 이마가 피로 흥건했다고 전해진다. 한민족 역사상 유례를 찾아보기 힘든 매우 치욕적인 순간이었다.

한 달이 채 안 되는 짧은 전쟁 이후 조선은 명나라와 단절하고 청나라에 철저히 복속^{服屬}됐다. 청나라는 소현세자를 비롯해 많은 조선인들을 볼모로 잡아가기도 했다. 청나라와 조선의 군신 관계는 약 260년이 지난 1895년 청일 전쟁 때까지 지속된다. 돌아가는 현실을 냉정하게 보지 못하고 탁상공론^{卓上空論}*에 사로잡힌 대가는 너무나 혹독했던 것이다.

---

* 현실을 고려하지 않고 책상 위에서 나누는 쓸데없는 의논

조선 통사의 서막

: 조선사 최고의 천재군주
  정조의 개혁정치와 의문의 죽음 전말

정조대왕 어진御眞 _ 수원 화성 소장

"이날 유시西時에 상정조이 창경궁昌慶宮의 영춘헌迎春軒에서 승하하였는데 이날 햇빛이 어른거리고 삼각산三角山이 울었다. 앞서 양주楊州와 장단長湍 등 고을에서 한창 잘 자라던 벼포기가 어느 날 갑자기 하얗게 죽어 노인들이 그것을 보고 슬퍼하며 말하기를 '이것은 이른바 거상도居喪稻이다' 하였는데, 얼마 안 되어 대상이 났다." _『정조실록』中

1800년정조 24년 6월 28일, 세종世宗. 제4대 왕 이래 최고의 성군이자 개혁군주로 일컬어졌던 정조正祖. 제22대 왕가 병상에 누운 지 불과 보름 만에 세상을 떠났다. 조선의 개혁이 절정으로 치닫던 상황에서 갑작스레 터진 '대상'大喪이었다.

당시는 전 세계적으로 근대화近代化의 추세가 뚜렷이 나타나던 매우 중요한 시점이었다. 이 역사적인 분기점에서, 조선은 개혁군주 정조의 죽음으로 인해 더 이상 이에 부합해나가지 못하고 되레 퇴행과 망국亡國의 길로 나아가게 된다. 이에 따라 당대 및 후대의 사람들은 정조가 보다 오래 살지 못한 것에 대해 실로 원통冤痛해 했다.

이런 가운데 정조의 죽음을 둘러싼 의문은 지금까지도 역사학계 등에서 큰 논란거리로 남아있다. 바로 '정조 독살설毒殺說'이다. 당시 행해졌던 의료 처방 및 정국 구도에 기반해 독살 가능성은 광범위하게 유포됐다. 일각에서는 이를 기정사실로 받아들이기도 한다. 반면, 다른 한편에서는 이의 가능성을 낮게 보며 몇 가지 근거를 기반으로 반박하고 있다.

이 같은 모습은 그 진위眞僞 여부는 차치하더라도 '정조'라는 보기 드물게 영민英敏했던 군왕에 대한 아쉬움과 슬픔이 투영된 결과로도 해석할 수 있다. 그만큼 우리나라 역사에서 정조의 개혁정치와 죽음 등이 갖는 역사적 무게감은 너무나 막중했던 것이다. 어려운 여건 속에서도 조선 후기의 르네상스를 이끈 정조의 드라마틱했던 개혁정치와 의문의 죽음 및 논란, 정조 사후 조선 정국의 퇴행적 변화 등을 되돌아봤다.

사도세자의 아들, 왕위에 오르다

정조는 잘 알려진 대로 '사도세자'思悼世子의 아들이었다. 사도세자는 영조英祖, 제21대 왕의 장자였지만, 영조와의 계속된 갈등 끝에 뒤주 속에 갇혀 비참한 최후를 맞은 비운의 세자였다. 사도세자는 정치적으로나 품성 측면에서 매우 보수적이었던 아버지 영조와는 달리 상당히 자유분방한 성격을 갖고 있었다. 이에 사도세자는 갈수록 공부를 게을리하고 기행奇行을 일삼는 일이 빈번했다.

세자에 대한 실망감이 컸던 영조는 틈만 나면 사도세자를 심하게 다그쳤고, 그럴 때마다 사도세자는 더욱 엇나갔다. 급기야 사도세자는 대놓고 영조의 정치적 대척점에 서있는 언행을 하고 다녔고, 무고한 사람들을 살해하기도 했다. 당시 기록들 혜경궁 홍씨의 한중록閑中錄 등에 따르면, 사도세자는 자신의 큰아버지이자 영조의 아킬레스건이었던 경종景宗, 제 20대 왕을 추종하는 소론少論 강경파의 입장에 동조하는 모습도 보였고, 연쇄살인을 저지르는 것을 서슴지 않았다고 전해진다. 현대 의학은 사도세자의 이러한 행각을 조현병정신분열증으로 진단하기도 했다. 아버지의 기대에 부응하지 못했다는 위축감 및 자괴감과 계속된 책망에 대한 반감이 어우러져 이 같은 증세를 더욱 악화시켰다는 분석이다.

더욱이 사도세자의 정치적 반대파가 된 노론老論은 영조에게 사도세자를 끊임없이 모함하며 부자 사이를 이간질했다. 결국, 참다 못한 영조는 사도세자를 폐위해 서인으로 삼고 뒤주에 가두는 극약처방을 내렸다. 사도세자가 뒤주에 있는 동안 그의 어린 아들인 정조는 이를 적나라하게 지켜봤다. 목숨이 경각에 달린 사도세자는 영조에게 살려달라고 간청했지만, 영조는 이를 외면했다. 이 같은 영조의 비정한 결정에는 사도세자의 기행도 한몫 했지만, 사도세자가 자신과 반대되는 정치적 입장을 직간접적으로 표출한 것도 큰 영향을 미친 것으로 보인다. 궁극적으로 자신의 아들을 정적政敵으로 생각했던 것이다. 이런 측면에서 사도세자 사건임오옥壬午獄을 노론·소론 간 당쟁黨爭의 연장선으로 해석하기도 한다.

사도세자는 약 9일을 뒤주에서 버티다가 결국 아사餓死했다. 사도세자가 죽은 후 그 아들이었던 정조의 미래도 온전치 않아 보였다. 특히, 노론 벽파僻派는 죄인의 자식이라는 이유로 정조를 세손의 위치에서 폐할 것을 주장했다. 추후 정조가 왕위에 오르면 사도세자 사건을 빌미로 보복을 할 수 있다는 두려움도 기저基底에 깔려있었다. 반면, 노론 시파時派는 정조를 옹호하는 모습을 보였다. 이런 상황에서 최종 결정권자인 영조의 의중意中에 관심이 집중됐다.

영조는 일찌감치 정조를 자신의 뒤를 이을 군왕으로 염두에 뒀다. 정조는 사도세자와 달리 어릴 때부터 책을 가까이 하고 배우기를 즐겨해 영조를 기쁘게 했다. 영조가 사도세자를 굳이 뒤주에 가둬 죽인 방식을 봐도 영조가 정조를 생각한 측면이 있다는 분석도 나온다. 만약 사도세자에게 사약 등을 내릴 경우 정조는 명백하게 죄인의 자식이라는 낙인이 찍히게 된다. 이를 피하기 위해 뒤주에 가둬 죽음을 유도하는 애매한 형벌을 택했다는 것이다. 그리고 결정적으로 영조는 정조를 사도세자의 이복형인 효장세자孝章世子의 아들로 입적入籍시켜 왕위를 이을 정통성을 공식적으로 부여해줬다.

그럼에도 사도세자의 반대 세력이었던 강력한 노론 벽파가 조정의 실권을 장악하고 있었던 만큼, 세손 정조는 하루하루가 가시밭길의 연속이었다. 어머니인 혜경궁 홍씨는 정조를 매사에 조심하게 했고, 정조 역시 사도세자의 아들이라는 내색을 전혀 하지 않는 등 조심스런 모습을 보였다. 노론 벽파는 정조의 동정을 살피려 은밀히 정조의 거처에 사람을 보내기도 했고, 대놓고 정조를 무시하기도 했다. 당시 노론 벽파의 핵심이었던 홍인한은 영조와 정조 앞에서 "동궁정조은 노론·소론을 알 필요가 없으며, 이조판서·병조판서에 누가 좋을지도 알 필요가 없으며, 조정의 일은 더욱 알 필요가 없습니다"라고 발언했다.

어느덧 영조가 나이가 들어 기력이 쇠하자 정조에게 대리청정代理聽政*을 시키려 할 때도 노론 벽파는 반대했다. 그러나 영조의 병환이 갈수록 깊어졌고, 서명선 등 소론이 정조를 지지함에 따라 대리청정은 실현될 수 있었다. 더욱이 시강원 춘방관이었던 홍국영 등이 정조를 적극적으로 보호하고 나섰다. 정조가 대리청정을 시작한 후 3개월이 지난 1776년, 정조의 든든한 후견자였던 영조가 83세를 일기로 세상을 떠났다. 이로써 세손 정조는 25세의 젊은 나이로 왕위에 올랐다.

* 왕이 병에 걸리거나 나이가 들어 정사를 돌볼 수 없게 됐을 때 왕세자가 왕을 대신해 정치를 하는 일

신변의 위협

우여곡절 끝에 즉위한 정조의 첫 일성一聲은 "과인은 사도세자의 아들"이었다. 그동안 금기시됐던 사실을 정조는 사실상의 첫 공개석상에서 과감히 고백한 것이다. 이는 정조의 국정방향을 어느 정도 가늠할 수 있는 발언이기도 했는데, 노론 벽파에게는 상당히 위협적으로 다가왔다.

이런 상황에서 사상 초유의 사건이 발생했다. 정조 즉위년에 왕이 머물던 존현각을 자객이 습격한 것이다. 이들은 정조의 목숨을 노렸다. 다행히 오랜 기간 신변의 위협을 느껴왔던 정조가 그날 밤에도 잠을 자지 않고 밤새 책을 보고 있었기에 목숨을 건질 수 있었다. 그런데 이 일을 사주한 사람은 사도세자의 죽음에 큰 영향을 미쳤던 노론 벽파의 핵심 인물 홍계희의 손자 홍상범이었다는 사실이 밝혀졌다. 또한 조사 과정에서 홍계희 조카 홍술해의 아내가 무당의 주술을 이용해 정조를 살해하려 한 것과 정조 살해 후 정조의 이복동생인 은전군을 추대하려 했다는 것이 드러났다.

이 역모逆謀 사건에는 정순왕후의 오빠인 김구주와 친밀했던 상궁과 환관들도 참여했다. 사실상 사도세자 및 정조와 대척점에 있었던 노론 벽파와 정순왕후의 어두운 그림자가 이 사건에 드리워져 있었던 것이다. 정순왕후는 영조가 늦은 나이에 간택揀擇한 왕비였고, 사도세자보다 10살이 어렸으며 정조와도 나이 차이가 크게 나지 않았다. 영조가 죽자 정순왕후는 어린 나이에 왕실의 가장 큰 어른인 대왕대비大王大妃가 됐고, 기실 노론 벽파의 구심점이 됐다. 정순왕후의 친부였던 김한구는 사도세자의 죽음에 결정적인 역할을 한 인물이기도 했다.

이처럼 정조는 왕이 되긴 했지만, 즉위 초 목숨마저 위협을 받는 실로 '왕 같지 않은' 위태로운 처지에 놓여있었다. 조정은 지난 수십년 간 행정과 군권軍權 등을 실효적으로 장악한 노론 벽파의 손아귀에 있는 것이나 다름 없었다. 이들은 마음만 먹으면 정조를 폐위할 수도 있는 힘을 갖고 있었고, 실제 그런 상황이 오지 않으리라는 보장도 없었다. 하지만, 이런 암담한 상황 속에서도 정조는 은밀하지만 치밀하게 반전反轉을 모색하고 있었다.

정조의 개혁 정치①

정조의 개혁 정치는 궁극적으로 근대화와 왕권 강화를 지향하는 것이었다. 정조는 우선 외척外戚 세력 제거와 세력 균형을 도모하는 탕평蕩平책을 시행해나갔다. 당시 대표적인 외척 세력으로 한 편에는 정조를 무시하고 반대했던 홍인한 등이 중심이 된 부홍파혜경궁 홍씨 친정 풍산 홍씨 가문가 있었다. 또 다른 한 편에는 정순왕후의 친정인 경주 김씨 가문이 중심이 된 공홍파가 있었다.

이러한 외척 세력들은 영조의 탕평책을 통해 득세得勢를 했다. 정조는 이들의 존재 자체와 권력 다툼을 '화'禍의 근본으로 봤다. 이에 따라 정조는 최측근인 홍국영을 앞세워 홍인한, 정후겸 등을 유배보내며 부홍파의 권세를 약화시켰다. 이어 정순왕후의 오빠인 김구주를 유배보내며 공홍파의 권세 또한 약화시켰다. 이들에게 씌워진 죄목은 기실 중죄에 해당하는 것은 아니었지만, 외척 세력 제거라는 정조의 강한 의지가 반영된 결과였다. 한편, 홍국영의 경우 추후 권력에 취해 세도정치를 펼친 것이 문제가 됨에 따라 정조는 그마저도 내치게 된다.

이후 정조는 사실상 노론 벽파를 겨냥한 탕평책을 펼쳤다. 정조의 탕평은 영조의 탕평과는 적지 않은 차이가 있었다. 우선 영조의 탕평은 강경파는 배제하고 온건하고 타협적인 인물들을 주력으로 하는 '완론緩論 탕평'이었다. 그 결과 노론 중에서 온건파 인물들을 중심으로 탕평파가 형성됐다. 반면, 정조는 철저히 왕에 대한 의리충성에 기반한 강경한 '준론峻論 탕평'을 표방했다. 이 같은 탕평책에는 특정 당파에 대한 구분이 없었던 만큼, 정조는 갑술환국甲戌換局 이후 중앙 정계에서 배제됐던 남인南人에게 주목하기 시작했다. 이때 '채제공'이라는 인물이 발탁돼 주요한 역할을 하게 된다. 노론 입장에서는 역당逆黨이었던 남인이 재부상하는 것이 실로 못마땅했지만, 당시 분위기상 일단 관망하는 모습이었다.

정조의 준론 탕평을 통해 정국 구도는 이전에 비해 균형을 맞춰나가는 모양새였다. 이전에는 정조에게 반대하는 세력인 '벽파'가 다수였다면, 준론 탕평이 이뤄지면서 정조를 지지하는 세력인 '시파'가 세를 불려나갔다. 시파와 벽파는 정조에 대한 세부적인 지지 여부에 따라 나눠졌던 것인 만큼, 노론은 물론 소론과 남인 내에서도 각각 존재했다. 특히, 정조가 삼정승에 노론 김치인, 소론 이성원, 남인 채제공 등을 임명하는 절묘한 인사를 단행하면서, 정국의 추는 점차 정조 지지 세력인 노론 시파에게 기울기 시작했다. 정조는 이 같은 인사 정책을 통해 즉위 초 불리한 정국을 반전시키는 계기를 마련했다.

정조의 개혁 정치②

정조는 즉위 직후 규장각奎章閣 설치를 서두르기도 했다. 이는 조선시대 왕실 도서관이면서 학술 및 정책을 연구하는 관서官署였다. 정조는 이 곳에 수많은 서적들 및 군왕 관련 기록서들을 보관했고, 근신近臣들을 배치해 국정과 학문을 논했다. 특히 규장각 검서관檢書官에 파격적으로 이서구 등 서자庶子들을 기용하기도 했고, 초계문신抄啓文臣 제도를 시행해 규장각에 마련된 교육 및 연구 과정을 신하들이 거치도록 했다.

초계문신은 37세 이하의 당하관堂下官 중에서 선발해 본래 직무를 면제하고 연구에 전념하게 하되 1개월에 2회의 구술 고사와 1회의 필답 고사로 성과를 평가했다. 정조가 친히 강론에 참여하거나 직접 시험을 본 후 채점하기도 했다. 여기에서 배출된 대표적인 인물들이 정약용, 이가환 등이다. 정조가 이렇게 규장각에 공을 들인 것은 올바른 정치를 구현함과 더불어 왕권 강화도 목표로 했기 때문이다. 정조는 신진 정치 엘리트들을 육성해 이들을 중심으로 한 친위 세력을 구축하려는 복안腹案을 갖고 있었다. 실제로 규장각은 정조의 복안대로 승정원, 홍문관을 대신해 군왕의 통치를 보좌하는 기관으로 거듭났다.

또한 정조는 민생民生을 돌보는데도 적극적이었다. 무엇보다 전국 각지에 역량 있는 암행어사暗行御史를 파견해 지방의 부정부패를 뿌리 뽑고자 했고, 수령들에게는 지방의 급박한 사정들은 중간 과정을 생략하고 왕에게 직보하도록 했다. 상업 진흥에 있어서는 육의전六矣廛을 제외한 모든 시전의 전매 특권인 금난전권禁難廛權을 폐지하는 신해통공辛亥通共을 시행했다. 이에 따라 자유로운 상업 행위가 보장되면서 소상공인이 살아나고 물가가 안정되는 등의 큰 성과가 나타났다.

아울러 정조는 자기 상전에게 의무를 다하지 않고 다른 지방에 몸을 피한 노비를 찾아내 본 고장에 돌려보내는 '노비추쇄법'奴婢推刷法을 폐지하기도 했다. 이는 추후 순조 때의 공노비 해방의 단초가 됐다. 이 밖에 정조는 버려진 고아들을 국가가 책임지고 기르는 '자휼전칙'字恤典則을 제정했고, 학문과 문화,

과학도 크게 진흥해 조선의 르네상스를 이끌었다. 이 같은 노력으로 당시 조선의 백성들은 왕의 덕德을 칭송하며 활기차게 생업에 매진하는 분위기가 형성됐다.

정조의 개혁 정치③

왕위에 오른 이후 어느 정도 기반을 닦은 정조는 아버지 사도세자의 추숭追崇 작업을 진행했다. 정조는 사도세자의 호를 '장헌'莊獻으로 고치고 묘를 격상시켰다. 이후 1789년 7월에 서울에 있던 사도세자의 묘를 지금의 수원 남쪽 화산으로 이장해 '현륭원'顯隆園이라고 명명했다. 이 때까지만 해도 노론 벽파와 여타 대신들은 그저 정조의 효심이 작용한 것이라고 봤다. 그러나 정조에게는 이를 통한 원대한 계획이 있었다. 바로 '화성華成 건설'이었다.

정조는 화성을 개혁 정치의 본산本山*으로 삼고, 기존 '판' 자체를 완전히 바꾸는 것을 모색했다. 일종의 승부수였던 셈이다. 우선 화성 건설에는 정조의 심복心腹**들이 총출동했다. 정약용이 설계하고 채제공이 총책임을 맡은 수원 화성은 약 10년으로 전망됐던 공사 기간을 최대한 단축해 2년 6개월 만에 완

---

* 어떤 일의 본거지 또는 어떤 일을 총 주관하는 곳을 비유적으로 이르는 말
** 마음 놓고 믿을 수 있는 부하

공됐다. 이 때에도 노론 벽파는 화성 건설을 적극 반대했지만, 정조는 "여기에는 나의 깊은 뜻이 있다. 장차 내 뜻이 성취되는 날이 올 것이다"라며 화성 건설을 흔들림 없이 진행해나갔다. 궁극적으로 정조는 화성을 국가의 새로운 수도로 만들 생각도 갖고 있었던 것으로 보인다.

이후 정조는 화성에 '십자로'十字路를 만들고 도로 양편에 큰 상가를 조성했다. 당시 정조는 채제공에게 화성 인구의 증가 방안을 마련하라고 명했는데, 이에 채제공은 "길거리에 집들이 가득 들어차게 하는 방법은 전방商街을 따로 짓는 것보다 더 나은 수가 없다"고 답했다. 정조는 이를 기반으로 국가 경제시스템의 근본적인 변화를 도모하고자 했다. 그리고 정조는 화성 주변에서 자주 범람하던 진목천을 막아 '만석거'*라는 저수지를 만들었고, 화성 북쪽의 황무지를 개간해 '대유둔'大有坪이라는 큰 국영농장을 조성하기도 했다.

이 대유둔 농토의 일부는 화성 주둔 군사들에게, 또 다른 일부는 농토가 없는 수원 백성들에게 나눠줬다. 모든 농사 자재는 둔소화성 관리사무소에서 제공했고, 대유둔에서 얻은 수확의 60%는 개인이, 나머지 40%는 화성유수부에 세금으로 내게 했

---

* 쌀 만석을 생산해 백성들을 풍요롭게 먹고 살게 하겠다는 의미와 황제만이 사용할 수 있는 '만(萬)'자를 사용해 자주 국가를 천명하려는 의도

다. 이 같은 정책에 따른 효과는 절묘하게 나타났다. 활발한 농경 활동으로 생산량이 늘어 국가 재정에 보탬이 됐고, 여기서 나온 세금으로 화성에 주둔했던 군사들의 월급을 줌에 따라 백성들은 그동안 고통스러웠던 군포의 짐에서 벗어날 수 있었다. 나아가 정조는 대유둔의 사례를 전국 8도에 전파하려고 했다. 결과적으로 정조는 십자로를 통해서는 상업혁명의 모범을, 대유둔을 통해서는 농업혁명의 모범을 보였던 것이다.

아울러 정조는 결정적으로 화성에 앞서 거론했던 '장용영' 壯勇營이라는 군영을 설치했다. 1785년에 정조는 새로운 금위 체제를 위해 장용위壯勇衛라는 국왕 호위 전담부대를 창설했는데, 장용위의 총책은 장용영병방壯勇營兵房이라 했고 그 아래에 무과 출신의 정예 금군을 뒀다. 8년 후 정조는 이 장용위의 규모를 더욱 확대시켜 하나의 군영으로 만드니 이것이 바로 장용영이다. 장용영은 크게 내영과 외영으로 구분됐다. 내영은 도성을 중심으로, 외영은 수원 화성을 중심으로 이뤄졌다. 장용영의 설치 목적이 왕권 강화에 있었던 만큼, 편제도 중앙집권적인 오위五衛 체제를 도입, 강력한 왕권의 상징으로 삼으려 했다. 기실 노론 벽파들의 군권에 실질적으로 대응하기 위한 조치였으며, 점차 장용영은 수어청과 총융청 등 노론 벽파들의 군사적 기반을 압도하게 된다.

전세 역전을 직감한 정조는 장용영의 군사들을 동원해 노론 벽파가 보란 듯이 무력 시위를 벌이기도 했다. 어느 날 정조는 화성 능행陵幸*길에서 대규모 군사훈련을 실시했는데, 이때 수많은 장용영의 군사들이 황금 갑옷을 입은 정조를 겹겹이 에워싸고 호위했다. 이 장면을 노론 벽파 대신들은 매우 우려스러운 표정으로 지켜봤다. 정조는 재위 기간 중 총 13차례에 걸쳐 현륭원을 방문했는데, 결국 이 같은 능행은 단순한 참배가 아니라 정조의 개혁을 뒷받침하는 정치적 성격이 짙은 것이었다.

노론 반발, 의문의 죽음

화성 건설을 기점으로 정조와 노론 벽파의 희비는 엇갈렸다. 정조는 개혁정치에 대한 강한 자신감을 갖게 된 반면 노론 벽파는 위축됐고 정조의 친위 쿠데타와 천도 가능성 등에 대해 실제적인 위협을 느꼈다. 심지어 정조는 노론 벽파 대신들 앞에서 왕의 학문적 우월성과 의리의 주인임을 자처하는 '군주도통론'君主道統論을 내세우기도 했다. 이에 위기감이 극에 달한 노론 벽파는 크게 반발하기 시작했다.

이런 가운데 최초의 천주교도 박해 사건인 '신해박해'辛亥迫害에 이어 중국 천주교 신부 주문모 밀입국 사건이 발생했다.

---

* 임금이 능에 행차함

정조는 새로운 서양 문물은 적극 수용했지만, 사상을 수용하는데 있어서는 상반된 모습을 나타냈다. 서학이라는 이름으로 들어온 천주교를 사학邪學*으로 규정하며 배척했던 것이다. 이 부분에 있어서는 노론 벽파도 같은 입장을 취했다. 결국 이 사건으로 노론 벽파들이 재기할 수 있는 계기가 마련됐고, 천주교를 옹호했던 정조의 최측근 채제공 등은 수세에 몰린 후 실각하게 된다. 뒤이어 재상 자리는 이병모, 심환지 등 노론 벽파의 핵심 인물들이 꿰찼다.

　이유야 어찌 됐든 자신의 정적이었던 노론 벽파가 다시 득세하는 것에 정조는 위기감을 느꼈다. 이에 따라 1800년 5월 정조는 마침내 '오회연교'五晦筵教라는 초강수를 띄웠다. 이는 군신의리 및 통치원칙 등을 밝힌 것이다. 즉, 사도세자의 억울한 죽음과 관련된 자들은 처단하지는 않을 테니 용서를 빌라는 경고와 함께 향후 정약용, 이가환 등 남인들을 재상에 임명해 크게 쓰겠다는 것이었다. 사실상 노론 벽파에 대한 협박이자 백기투항 권고였다. 정조실록에는 "내가정조가 하려고 하는 정치를 도와줬으면 하는 것이 곧 나의 소망인데, 내가 이처럼 분명히 일러준 이상 앞으로는 더 이상 여러 말을 하지 않겠다...중략...의리를 천명하든지, 자신의 잘못을 스스로 밝히든지 간에 오직 자

---

* 요사스럽고 못된 학문이나 학설

기 한 몸에 매인 일이다. 이와 같이 한 뒤에도 또 보람이 없다면 나도 더 이상 어떻게 할 도리가 없다"고 나와 있다.

이에 노론 벽파는 말 그대로 큰 충격에 빠졌다. 코너에 몰린 노론 벽파는 어떻게 대응할 지를 고심했지만, 쉽사리 답이 나오지 않았다. 그만큼 정국의 주도권은 정조에게 있었다. 100년 동안 조정의 실권을 장악해왔던 노론 벽파가 마침내 무너질 것처럼 보였다. 그런데 뜻밖의 반전이 일어났다. 정조가 오회연교를 발표한 뒤 보름이 지나 병석에 몸져 누웠고, 그 보름 뒤에 세상을 떠난 것이다. 이 때 정조의 나이 49세였다. 실로 보기 드문 영민함과 불굴의 의지로 조선 후기 눈부신 개혁을 이끌었던 정조는 끝내 뜻을 다 이루지 못하고 석연치 않게 역사의 뒤안길로 사라졌다.

독살설 논란

정조의 죽음은 곧바로 격한 논란을 유발시켰다. 바로 왕의 독살설이 제기된 것이다. 이 주장은 정조와 뜻을 함께 했던 일부 남인들을 중심으로 나왔다. 특히, 정조 사망 후 2개월 뒤 인동현 경북 구미시 지역의 남인 출신 거족巨族* 장현광의 후손 장현경과 친족인 장시경 3형제 등이 "임금이 죽었으니 의관醫官이

---

* 문벌이 좋고 대대로 번창한 집안

의심스럽다"라며 처음으로 정조 독살설을 제기했다. 그들은 노비들을 동원해 왕을 죽인 역적을 처단하겠다며 관아를 습격했지만, 이내 관군에 의해 진압을 당했다.

아울러 다산 정약용도 그의 저서 『여유당전서』與猶堂全書에 정조 독살설과 관련한 내용을 담았다. 그는 "...만나면 전해져 들리는 말들을 이야기 했으니, 당시의 한 정승이 역적 의원인 심인을 천거해서는 독약을 올려 바치게 했건만, 우리들의 손으로 그 역적놈을 제거할 수 없다면서 비분강개하여 눈물까지 흘리곤 했었다"고 전하고 있다. 여기서 말하는 한 정승이란 바로 좌의정 심환지를 뜻하는 것이었다. 그는 앞서 언급한대로 정조의 정적이었던 노론 벽파의 영수領袖였다. 또한 정약용은 "고래 정조가 해달노론 벽파에게 죽임을 당했다"라며 정조 독살설을 노골적으로 암시하기도 했다. 이 밖에 창원, 의령, 하동 등 경상도 지역에서는 왕의 독살설을 기반으로 백성들을 선동하는 익명의 글들이 연이어 나붙어 조정을 곤혹스럽게 만들었다.

정조 독살설은 지금도 많은 사람들이 주장하고 있다. 이들은 그 근거로 우선 당시의 정국 구도를 거론한다. 화성 건설 등으로 정조의 개혁정치가 절정에 이르고 오회연교가 발표되면서, 이에 위기감을 느낀 노론 벽파가 선수를 쳐 왕을 독살했다는 것이다. 아울러 정조가 죽기 전 처방받았던 의료에 대해 의문을 제기한다. 당시 정조는 사망하기 보름 전부터 종기가 발생했는데, 그 원인은 해묵은 화병이었다. 수십년 동안 면전에서 자신의 아버지를 죽인 원수들노론 벽파을 상대해야 했으니 그럴 법도 했다. 이 때 정조가 처방을 받았던 의료는 수은 성분을 갖고 있는 경면주사鏡面朱砂를 태워 환부에 쐬는 '연훈방'이었다. 연훈방을 처방받은 직후에는 정조의 상태가 일시적으로 호전되는 듯 했지만, 처방 후 3일 째부터 정조는 혼수 상태에 빠져들었다. 의식은 좀처럼 돌아오지 않았고, 결국 1800년 6월 28일 정조는 숨을 거뒀다.

이에 따라 연훈방 처방으로 인한 수은 중독으로 정조가 사망했을 가능성이 제기됐다. 그러나 다른 한편에서는 수은 중독으로 인한 사망 가능성을 낮게 보고 있다. 대신 초반에 종기를 째는 등의 적절한 치료 시기를 놓친 것과 연훈방 등을 짧은 시간에 과다 사용해 다량의 출혈을 유발한 것, 그리고 종기가 완전히 치료되지 않았음에도 역효과를 유발하는 보약인 '경옥고'를 복용하게 한 것 등을 정조 사망의 원인으로 지목했다. 결국, 이를 종합해보면 정조는 궁궐 주치의 격인 내약원의 잘못된 처방으로 인해 죽음을 맞는데, 내약원의 총 책임자가 정조의 정적이었던 좌의정 심환지였음을 감안할 때 그러한 잘못된 처방은 다분히 의도적이었다는 것이다. 더욱이 종기 치료의 대가이자 정조가 무척 총애했던 중인 출신의 명의 피재길이 하필 정조가 위급할 시기에 누군가의 지시로 지방에 내려간 것, 그리고 정조가 숙기 직전 그의 곁에 정순왕후가 있었다는 것과 정조의 마지막 말이 정순왕후가 거처하고 있던 '수정전'이었다는 것도 의심스러운 대목으로 읽혀지고 있다.

하지만, 정조 독살설을 반박하는 주장들도 만만치 않다. 정조 독살의 근거라고 내세우는 사료들은 가설을 합리화하기 위해 왜곡, 과장된 것이고, 몇 가지 근거들을 볼 때 정조 독살의 가능성은 희박하다고 보고 있다. 우선 노론 벽파와 사이가 좋지 않았던 혜경궁 홍씨가 정조의 죽음을 확인한 후 별다른 문제를 제기하지 않았고, 가장 최근에 발견된 정조의 어찰_{御札}을 보면 기존에 알려진 것처럼 정조와 심환지가 정적 관계가 아니라 밀월_{蜜月} 관계였다는 것이다. 또한 정순왕후가 사망하면서 노론 벽파가 몰락하고 안동김씨와 반남박씨 세력이 주축이 된 정조 계열 시파가 집권했을 때 정조의 죽음과 관련된 문제 제기가 나오지 않았다는 점도 정조 독살설을 반박하는 근거가 되고 있다.

정조 사후와 독살설 의미

정조의 죽음과 관련된 논란은 여전히 현재진행형이다. 현재로서는 독살설의 진위 여부와 관련해 무엇이 진실인지 섣불리 예단하기 어렵다. 다만, 이러한 독살설이 나오는 배경에 주목할 필요가 있다. 무엇보다 정조 독살설에는 정조라는 위대한 군왕의 죽음과 그의 개혁정치의 좌절 등에 대한 아쉬움 및 슬픔이 투영돼 있다는 분석이 나온다.

정조가 조선의 군왕으로 존재하고 있을 당시 전 세계에는 근대화라는 거대한 물결이 일렁이고 있었다. 미국 독립혁명, 프랑스 대혁명, 영국 산업혁명 등이 대표적이다. 정조의 조선도 이 거대한 물결에서 예외가 아니었다. 정조의 헌신적인 주도로 조선은 그 어느 때보다 활발하게 근대적인 개혁 과정을 밟아나가고 있었고, 다시 한번 크게 웅비雄飛할 수 있는 절호의 기회를 맞았다.

그러나 정조의 죽음이라는 뜻밖의 불행으로 이 모든 움직임은 일순간 중단된다. 정조 사후 조선은 정순왕후를 중심으로 한 보수적인 노론 벽파가 다시 권력을 휘어잡았고, 정조의 모든 개혁 정책들은 폐기됐으며 정약용 등 정조의 최측근들은 쫓겨났다. 이후 안동김씨 등이 '병인갱화'丙寅更和로 권력을 잡은 후에는 극소수의 권세가를 중심으로 국가가 운영되는 세도정치勢道政治가 행해졌다. 반면, 왕권은 땅에 떨어져 사실상 군왕은 허수아비에 불과했고, 사회 도처에서는 각종 폐단弊端들이 횡행했다.

이처럼 역사적 흐름에 어긋나는 퇴행과 반동은 조선을 끝내 망국의 길로 나아가게 했다. 이 모든 조선 '통사'痛史*는 바로 정조의 의문의 죽음에서 비롯됐으며, '만약 정조가 10년만 더 살았디먼 조선의 미래는 달라졌을 것'이라는 부질없는 한탄으로 귀결되게 한다. 이 같은 견해에 기반해 비록 완전한 진실은 아닐지라도 독살설은 정조 사후 200여 년이 지난 지금까지도 계속 거론되고 있고, 개혁군주 정조와 그가 꿈꿨던 세상을 조망하게 한다.

---

* 한 민족이나 국가의 고난과 슬픔이 깃든 역사

금수저 청년들의 3일 천하

: 최초의 근대적 개혁 운동
  개화당의 갑신정변 전말

갑신정변 주역들. 왼쪽부터 박영효, 서광범, 서재필, 김옥균 _ 한국학중앙연구원

"그들의 실패는 우리에게 무척 애석한 일이다. 내 친구 중에 이 사건을 잘 아는 이가 있는데, 그는 어쩌다 조선의 최고 수재들이 일본인에게 이용당해서 그처럼 큰 잘못을 저질렀는지 참으로 애석하다고 했다. 어찌 일본인이 조선의 운명과 그들의 성공을 위해 노력을 다했겠는가. 우리가 만약 국가 발전의 기미를 보였다면 일본인들은 백방으로 방해할 것이 자명한데 어찌 그들을 원조했겠는가. 당시 일본은 청국의 위세를 꺾으려고 온갖 계략을 세우고 있었는데, 우리 청년 수재들은 일본의 신풍조에 현혹되어 일본인들의 힘을 빌려 청국으로부터 벗어나려고만 했으니... 중략 ...젊은 혈기가 이들의 지혜를 눌렀다."

_박은식『한국통사』中

19세기 말, 열강들의 전방위적인 침탈로 조선의 국력이 점차 쇠퇴할 때 자주적인 근대화를 지향하며 급진적인 개혁 노선을 천명하고 나선 일단의 젊은 청년들이 있었다. 바로 김옥균, 박영효, 홍영식, 서재필 등을 중심으로 한 '개화당'開化黨이다. 이들은 단순한 주장을 넘어 실제 현실에서 개혁을 달성하기 위해 극단적인 방식의 정변까지 일으켰는데, 역사는 이를 '갑신정변'甲申政變이라고 부른다.

갑신정변은 조선을 중세 봉건 국가에서 벗어나 근대近代 국가로 탈바꿈시키려 한 최초의 개혁 운동이었다. 여기에서 표방했던 것들은 입헌군주제立憲君主制, 사대 관계 청산, 인민 평등, 조세 개혁 등 이전에는 결코 찾아볼 수 없었던 파격 그 자체였다. 이는 훗날 우리나라 역사의 개화 운동과 민족 운동 등에도 큰 영향을 끼치며 계승, 발전됐다.

다만, 충분한 준비가 되지 않은 채 성급하게 추진됐던 '위로부터의 개혁'은 명백한 한계도 노정하고 있었다. 개혁 실행 과정에서 외세를 개입시켰고, 일반 민중들에 대한 충분한 고려도 이뤄지지 않았다. 당시 조선의 민중들은 아직 개화당의 급진적인 개혁 노선을 따라올 만한 의식과 여건이 성숙되지 못한 상태였다. 또한 개화당의 개혁에는 민중들이 정말로 원했던 '토지 개혁'이 담기지 않았다. 이런 가운데 개화당이 숙적宿敵인 '일본'까지 끌어들이는 모양새를 취하면서 민중들 사이에서는 큰 반감이 일어났고, 이후 전격적으로 청淸나라의 군대마저 개입하면서 갑신정변과 개화당은 완전히 실패하게 된다. 원대한 꿈을 꿨지만 '3일 천하'로 끝나고만 금수저 청년들의 '갑신정변' 전말을 되돌아봤다.

청의 내정간섭 심화

1882년, 구식 군인들의 군료분쟁軍料紛爭에서 촉발된 '임오군란'壬午軍亂은 고종의 아버지였던 흥선대원군과 수구적인 위정척사파衛正斥邪派*의 재집권을 불러왔다. 이들은 민씨 외척 세

력 척결 및 외세 배척 등을 표방하며 한 때 성공하는 듯이 보였
지만, 민씨 세력의 요청으로 급파된 청나라 군대에 의해 몰락
했다.

구식 군인들에게 살해된 줄 알았던 중전 민씨는 충주에서
멀쩡하게 환궁還宮했고, 청나라의 힘을 등에 업은 민씨 외척 세
력이 다시 조정의 실권을 장악했다. 민비는 임오군란에서 사실
상 죽다 살아났기 때문에, 이때부터 과거에 잠시 표방했던 개
혁 노선은 완전히 접고 오로지 신변의 안전만을 위해 청나라에
철저히 의존하는 모습을 보인다.

이에 따라 조선의 각 분야에서 청나라의 내정 간섭은 노골
화됐다. 우선 임오군란 진압 때 청나라 군대를 이끌었던 위안
스카이와 오장경 등은 조선의 군권軍權에 깊숙이 관여했다. 청
나라의 실권자인 이홍장의 추천으로 한국 최초의 서양인 고문
으로 부임한 묄렌도르프는 통리아문의 외무협판으로서 외교권
과 해관총세무사로서 해관까지 넘봤다. 조선과 청나라 간 통상
조약인 '조청상민수륙무역장정'朝淸商民水陸貿易章程에 따라 상무
총판재정고문으로 파견된 진수당은 사실상 조선의 재정권을 장악
했다.

궁극적으로 청나라는 상민수륙무역장정 전문에서 언급한

---

* 조선 말기, 최익현을 중심으로 하여 통상을 반대하고, 통상 수교를 거부하던 무리

대로 조선을 '속방'屬邦*화 하려 했다.

상황이 이러함에도 고종高宗, 제26대 왕은 무력했고, 민씨 외척 세력은 자신들의 안위와 기득권을 지키는 데만 급급했다. 그런데 저편에서 이를 매우 심각하게 목도目睹하고 있던 한 세력이 있었으니, 이들이 바로 김옥균, 박영효, 홍영식 등을 중심으로 한 '개화당급진개화파'이다.

개혁정치와 좌절

개화당 중심 인물들의 배경은 매우 화려했다. 우선 수장인 김옥균은 명문가인 안동 김씨 집안 출신으로 22세에 장원 급제를 했고 호조참판현 기획재정부 차관, 외아문현현 외교통상부 장관 등 주요 요직을 두루 거쳤다. 박영효는 조선의 제 25대 임금인 철종哲宗의 사위로 한성부판윤현 서울시장 등을 역임했다. 홍영식은 영의정이었던 홍순목의 차남으로 정변 당시 우정총국 책임자였다. 서재필은 일본 육군학교를 졸업했고, 조련국임시사관학교 사관장으로 활동했다. 이들은 당시 양반 사대부들이 모여 살고 있던 북촌北村에 거주했고, 평균 연령은 고작 20대 후반에 불과했다. 요즘 말로 하면 전형적인 금수저 청년들이었다.

---

* 법적으로는 독립국이지만 실제로는 정치, 경제, 군사, 문화 측면에서 다른 나라의 지배적인 영향을 받는 나라

실학의 북학사상을 계승한 개화당이 지향하는 개혁은 급진적이었다. 일본의 메이지 유신을 본받아 서양의 과학기술과 함께 근대적인 사상, 제도까지도 적극적으로 도입해 조선의 정치·사회를 근본적으로 개혁해야 한다는 변법론變法論을 주장했다. 이는 청나라의 양무洋務운동중체서용*을 본받아 점진적인 개혁, 즉 서양의 기술과 문물은 수용하되 법, 제도, 사상 등에 있어서는 전통적인 것을 지켜야 한다는 '동도서기'東道西器의 입장을 취했던 온건 개화파와 대립되는 것이었다.

당초 고종은 개화당에게 적지 않은 호감을 갖고 있었다. 서구 열강과 교류가 시작된 19세기 후반부터 고종은 새로운 인재 육성의 필요성을 느꼈고, 해외의 발전된 제도, 문물 등에 대한 식견을 갖고 있는 젊은 신진 관료들을 중용해 크게 쓰려 했다. 고종의 신임에 힘입어 개화당은 초반에 각종 개혁 정책을 의욕적으로 추진하려 했다. 대표적으로 신식 행정관서로서 '통리기무아문'統理機務衙門 설치, 일본국정시찰단신사유람단 및 영선사병기학습 유학생사절단 파견, 기무처機務處 설치, 최초의 영어 학교인 동문학同門學 설립, 최초의 근대 신문인 한성순보漢城旬報 창간, 근대 우편 제도 창설 등이 있었다.

───────────

* 19세기 후반에 중국 청나라의 증국번 이홍장 등이 벌인 근대화 운동

하지만, 앞서 언급한 대로 임오군란 이후 조선에 대한 내정간섭을 노골화하던 청나라는 개화당의 정책이 조선의 독립을 지향한다며 탄압하기 시작했다. 청나라와 밀착하고 있던 민씨 세력도 개화당의 개혁 정책에 눈살을 찌푸렸다. 더욱이 개혁 정책의 뒷받침이 될 만한 재정도 부족했다. 이에 김옥균이 일본에서 자금을 빌려와 재정 문제를 해결해 상황 반전을 노려보려고 했지만, 이마저도 실패함에 따라 개화당의 입지는 회복 불가능할 정도로 축소됐다. 큰 정치적 위기가 엄습하면서 개화당은 초조해졌다. 이에 따라 개화당은 정상적인 방법으로는 조선의 자주적인 근대화가 어렵다고 보고, '정변'이라는 비정상적인 방법을 통해 청나라 및 민씨 세력을 몰아내고 근대화를 추진해야 한다는 '과감하지만 위험한' 생각을 갖게 된다.

갑신정변

개화당이 정변을 모색하기 시작한 것은 1883년 봄으로 알려졌다. 개화당은 틈 날 때마다 김옥균을 중심으로 한자리에 모여 거사를 일으킬 기회를 엿봤다. 그러다가 1884년 5월 이후부터 기회가 엿보이기 시작했다. 마침 베트남에 대한 지배권을 둘러싸고 청나라와 프랑스 사이에 전쟁이 벌어졌는데, 청나라가 서울에 주둔하고 있던 군대 일부를 빼내 베트남으로 보낸 것이다. 여기에 더해 본래 개화당에 적대적이었던 주조선 일본공사 다케조에가 태도를 바꿔 일본군 150명을 빌려주면서 개화당의 정변을 지원하기로 약속했다. 이에 힘입어 개화당은 그해 12월 4일에 열릴 우정총국 개국 축하연을 거사일로 잡았다.

정변 당일 우정총국 축하연에는 개화당 인물들과 민씨 일족 및 고위 관료들, 주한외교사절 등이 참석했다. 개화당은 우선 축하연에 온 민씨 일족 및 고위 관료들을 척살한 뒤 창덕궁昌德宮으로 진격해 고종의 신변을 확보할 예정이었다. 축하연은 저녁 7시에 시작됐다. 약 3시간 가량 지났을 무렵 갑자기 우정총국에서 불이 났다. 사전에 개화당에게 매수된 궁녀가 사제폭탄을 터뜨린 것으로 전해졌다. 민씨 일족과 고위 관료들이 놀라서 밖으로 뛰쳐나갔는데, 미리 매복해있던 개화당 장사將士들이 이들을 덮쳤다. 이 자리에서 민비의 조카이자 김옥균의 정치적 라이벌이었던 민영익은 칼을 무려 33방이나 맞았다.

개화당은 아수라장이 된 우정총국을 뒤로 하고 우선 일본 공사관을 찾아 군대 지원 여부를 다시 한번 확인했다. 확답을 받은 후 고종이 거처하는 창덕궁으로 향했다. 개화당은 잠들어 있던 고종을 깨워 변고變故가 발생했으니 서둘러 경우궁景祐宮으로 자리를 피할 것을 청했다. 경황이 없던 고종과 민비는 이들의 요청에 응했고, 창덕궁을 떠나 근처에 있던 경우궁으로 피신했다. 개화당은 경우궁 안팎에 40여명의 병력을 배치했고, 대문 쪽에 일본군 150여명을 배치해 수비에 만전을 기했다. 개화당이 굳이 경우궁을 고종의 피신처로 선택한 것은 넓은 창덕궁에 비해 협소한 장소여서 수비하기가 용이했기 때문이다.

이튿날 새벽에 개화당은 조영하, 민영목, 민태호 등 군사 지휘권자들과 권력의 핵심 실세들을 어명御命으로 불러들여 척살했다. 이때 고종은 연거푸 "죽이지 마라"는 전교傳敎를 내렸지만, 개화당은 왕의 명을 전혀 듣지 않았다. 정변이 어느 정도 일단락된 후 개화당은 마라톤 회의를 한 끝에 개화당 핵심 인물들이 정부 요직에 포진한 우의정 홍영식, 호조참판 김옥균, 좌우영사 박영효와 서재필, 서리독판교섭통상사무 서광범, 도승지 박영교 신 정부 명단과 국가 제도를 전면적으로 바꾸는 '혁신정강 14개조'를 왕의 전교 형식으로 공포했다.

46시간의 개혁

개화당이 공포한 혁신정강 중 대표적인 것은 우선 1조 청나라에 끌려간 홍선대원군을 곧 돌아오게 하고 종래 청나라에 행하던 조공의 허례虛禮를 폐지해 사대 관계를 청산해야 한다는 것이다. 얼핏 보면 홍선대원군은 개화당과 대척점에 서있는 수구적인 인물이지만, 왕의 아버지가 다른 나라에 볼모로 끌려가 있으면 조선을 자주적인 국가로 볼 수 없다고 판단해 혁신정강 첫머리에 넣었다.

2조는 문벌을 폐지해 인민 평등의 권리를 세워 능력에 따라 관리를 임명한다는 것이다. 이는 10년 후 '갑오개혁'甲午改革 때 신분 제도 폐지에 큰 영향을 미쳤다. 3조는 토지 수익에 매 기는 조세에 관한 사항을 규정한 법률인 지조법地租法을 개혁해 관리의 부정을 막고 백성을 보호하며 국가의 재정을 넉넉히 해 야 한다는 것이다. 12조는 모든 재정을 호조戶曹로 통할해 일원 화한다는 것이다. 김옥균은 다른 관직은 마다하고 굳이 '호조참 판'을 맡았는데, 이는 국가의 돈줄을 쥐는 것이 효과적이라고 판단했기 때문이다.

끝으로 13조 대신과 참찬은 의정부에 모여 정령을 의결·반포하고, 14조 의정부와 6조 외의 모든 불필요한 기관은 없앤 다는 것이다. 이를 통해 개화당은 역사상 처음으로 '입헌군주 제'를 주장했다. 군왕은 상징적으로 존재할 뿐 실질적인 통치는 내각에서 하겠다는 것이다. 특별히 이 정강으로 말미암아 갑신 정변은 우리나라 최초의 '근대적 정치 개혁' 운동이라는 평가를 받는다. 다만, 일반 민중들이 정말로 원했던 지주─소작제 문제 해결을 위한 '토지 개혁'은 정강에서 빠졌다. 기존의 지주전호 제를 그대로 유지한 채 세제개혁의 차원에서만 토지 문제를 거 론하는데 그쳤다.

그러나 일부 한계에도 불구하고 개화당은 이전에는 볼 수 없었던 파격적인 모습들을 선보이며 목표로 하는 조선의 급진 적인 개혁을 의욕적으로 밀어붙일 태세였다. 고종은 혁신정강으로 왕권을 잃을지도 모른다는 위기감을 느꼈지만, 마지못해 개화당의 혁신정강을 수용하는 듯했다. 하지만 이들에게 허락된 시간은 고작 46시간에 불과했다.

청군 개입, 개혁 실패

갑신정변 직후 경우궁으로 옮겨졌던 민비는 곧 정변의 의도가 자신의 세력을 척결하는 데에 있다는 것을 직감했다. 그래서 민비는 경우궁이 비좁다는 핑계를 대며 개화당에게 창덕궁으로의 환궁을 지속적으로 요구했다. 다른 한편으로는 청나라에서 은밀히 보낸 심상훈과 접촉하며 청나라 군대의 개입을 강력히 요청했다.

처음에 김옥균은 민비의 요구를 계속 거절했다. 급기야 고종까지 나서 창덕궁으로의 환궁을 요구했지만, 김옥균은 경우궁보다 조금 더 넓은 계동궁桂洞宮으로 거처를 옮겨줄 뿐이었다. 그럼에도 왕과 왕비의 요구가 빗발치자 김옥균은 일본 공사인 다케조에와 상의했다. 다케조에는 왕이 창덕궁으로 환궁해도 현재 일본이 보유한 병력으로 충분히 수비를 할 수 있을 것이라고 장담했다. 이 말을 믿은 김옥균은 결국 고종과 민비를 모시고 창덕궁으로 돌아갔다. 개화당은 창덕궁에서 갖고 있는 모든 병력을 동원해 고종과 민비 주변을 3중외위, 중위, 내위으로 에워쌌다.

그러나 머지않아 우려했던 사태가 벌어졌다. 12월 6일 오후 3시에 예상보다 신속하게 1500명의 청나라 군대가 두 부대로 나눠 개입하기 시작한 것이다. 이들은 창덕궁의 돈화문과 선인문으로 공격해 들어왔다. 이에 대응해 외위外衛를 담당한 조선군 친군영 전후영병이 결사항전을 했지만, 궁궐로 빠르게 진입하는 청나라 군대에 의해 무너졌다. 뒤이어 중위中衛를 담당한 일본군이 대응해야 했지만, 이들은 별안간 철병撤兵했다. 개화당으로서는 그야말로 충격적인 배신이었다. 일본은 현재 병력으로는 결코 이길 수 없다고 판단했고, 청나라와의 무력 충돌로 인한 외교 마찰 등에 적지 않은 부담을 가졌던 것으로 보인다. 남아있는 소수의 내위內衛는 청나라 군대에 의해 속절 없이 죽거나 도망쳤다.

이렇게 개화당의 정변과 개혁은 '3일 천하'로 허무하게 끝나고 말았다. 김옥균, 박영효, 서재필 등은 일본 공사관으로 피신했다가 21일에 일본으로 망명했다. 국내에 남은 홍영식 · 박영교 등은 청나라 군대에 의해 살해됐다. 이 밖에 갑신정변에 연루된 수많은 개화당 관련 인물들이 살해됐고, 권력은 다시금 청나라를 등에 업은 민씨 세력에게 넘어갔다.

한편, 갑신정변을 지켜본 민중들은 개화당의 개혁 정책은 아랑곳하지 않고 그들이 일본 군대를 끌어들여 왕과 왕비를 핍박했다고 여겼다. 이에 분노한 민중들은 개화당을 '왜당'倭黨으로 규정했고, 일본 공사관을 습격해 불태워버렸다. 직후에 일본은 조선에 이에 대한 책임을 물었고, 이듬해 10만원의 배상금과 일본 공사관 수축비를 부담하는 '한성조약'漢城條約이 체결됐다. 더 나아가 일본은 청나라와 담판을 지어 앞으로 조선에 변란이 일어났을 경우 청나라처럼 군대를 파병할 수 있는 권한을 획득했다. 이것이 바로 '톈진조약'天津條約인데, 이는 약 10년 후 '동학농민혁명'東學農民革命 때 일본군 파병의 구실이 된다.

[15] 동학농민혁명

아래로부터 반봉건 · 반외세를 외치다

: 조선사 최초의 아래로부터의 혁명
　전봉준, 김개남의 동학농민혁명 전말

동학농민혁명_ 규장각한국학연구원

"... 중략 ...수만이나 되는 비도匪徒가 4,50리에 걸쳐 길을 쟁탈하고 산봉우리를 점거하여 성동추서聲東趨西, 섬좌홀우閃左忽右하면서 깃발을 흔들고 북을 치고 죽음을 무릅쓰고 앞을 다투어 올라오니 저들은 무슨 의리이고 무슨 담략인가. 그 정황을 말하고 생각하면 뼈가 덜리고 가슴이 서늘하다. 만약 병력이 전후좌우에서 방비하지 못해 병사들의 사기가 떨어졌다면 맹렬히 밀어붙이는 기세에 대가를 톡톡히 치러야 했을 것이고, 결국 그들을 막아낼 수 없었을지도 모른다."

_ 관군 좌선봉장 이규태 증언 中

19세기 말 이전까지 조선에서 발생했던 개혁이나 혁명은 지배층이 중심이 된 위로부터의 개혁, 혁명이 전부였다. 근대近代 사회에 들어와 발생했던 대표적인 개혁 운동인 갑신정변甲申政變과 갑오개혁甲午改革도 소수 지배층의 주도로 위로부터 시행된 것이었다. 그러다 보니 사회의 하층부에 있는 사람들의 변화에 대한 바람토지 개혁 등을 충분히 담아내지 못하는 한계를 갖고 있었다.

그런데 외세의 침략과 내정의 문란 등으로 국가의 앞날이 대내외적으로 불투명하던 1894년에, 그동안 조선 역사에서 좀처럼 볼 수 없었던 새로운 성격을 띤 혁명이 발생했다. 바로 '동학농민혁명'東學農民革命이다. 동학농민혁명은 말 그대로 피지배층인 농민들이 중심이 돼 일어난 반봉건反封建* 개혁운동이었다. 농민들은 그 당시 사회의 부조리가 무엇인지 정확히 인지하고 있었고, 이에 대한 개선 방안을 고스란히 폐정개혁안弊政改革案에 담아 시행하려고 했다. 핵심은 전 근대 사회에서 불평등한 사회 관계를 규정했던 신분제身分制 폐지와 토지의 균등분배 등이었다. 그런데 동학농민혁명은 여기서 한발 더 나아갔다. 당시는 일본의 조선 침략이 본격화하던 시기였는데, 이에 맞서 분연히 들고 일어나며 반외세反外勢 민족운동을 지향했던 것이다. 무능한 민씨 정권이 일본에 속수무책으로 당할 때 이를 대신해 농민군이 국권 회복을 위해 앞장서 싸웠던 셈이다.

다만, 동학농민혁명은 한계도 내포하고 있었다. 무기 등에서 충분한 준비가 갖춰지지 않은 상태에서 강력한 일본군 및 관군과 맞선 것은 사실상 자살 행위나 다름없었다. 그리고 사회개혁을 지향하면서도 구舊세력이었던 흥선대원군과 손을 잡는 모습도 보였다. 특히 농민군의 폐정개혁안에는 대원군의 '감국' 섭정을 요구하는 부분이 있었는데, 이는 농민군이 대원군의 영향력에 어느 정도 의지를 했고 대원군은 농민군을 이용해 다시금 권력을 잡으려 했음을 시사한다. 더욱이 농민군 내부에서 완전히 연대하지 못하는 모습도 나타났다. 전라도를 기반으

---

* 전근대적이고 인습적인 제도와 의식에 반대함

로 하는 교단 조직인 남접南接 내 온건파전봉준, 왕조 인정와 강경파
김개남, 왕조 부정 간의 노선 갈등, 그리고 남접과 충청도를 기반으
로 하는 교단 조직인 북접北接 간 대립이 발생했던 것이다. 이
같은 한계들은 결국 동학농민혁명이 실패로 귀결되는 원인으로
작용했다.

비록 동학농민혁명이 당대에는 실패했지만, 그들이 추구했
던 가치는 이후의 역사에서 적지 않게 계승, 발전됐다. 반봉건
노선의 핵심이었던 신분제 폐지는 갑오개혁 때 상당 부분 수용
됐고, 항일로 대변되는 반외세 노선은 의병 투쟁과 무장 독립
운동으로 이어졌다. 더욱이 피지배층이 지배층에 대항해 역사
발전의 주체主體로 등장했다는 점은 이후 거국적인 민족 운동인
'3.1 운동'으로 계승되기도 했다. 조선사 최초의 아래로부터의
혁명이었던 동학농민혁명 전말을 되돌아봤다.

동학의 기원

동학東學은 1860년 4월 경주의 몰락양반 후손이자 서자였
던 최제우에 의해 창시됐다. 동학은 서학西學과 같은 하늘의 도
道를 추구하지만, 동쪽에서 태어난 종교라는 의미를 갖고 있었
다. 최제우는 전통적인 무속에서의 신병체험과 유사한 강신체
험降神體驗을 했고, 이 체험을 통해 '한울님'을 믿음의 대상으로
삼고 주변 사람들에게 도를 깨우치기 위해 성심껏 한울님을 모

셔야 한다는 '시천주'侍天主를 설파했다. 시천주 사상은 동학의 3대 교조敎祖인 손병희 때 사람이 곧 하늘이라는 '인내천'人乃天 사상으로 재해석됐다. 이 같은 동학 사상은 한문책인 동경대전東經大全과 한글 가사체 책인 용담유사龍潭遺詞로 정립되기도 했다.

당시 조선의 농민들은 이전과는 색다른 사상을 표방한 동학에 적지 않은 관심을 가졌고, 시간이 갈수록 동학에 가입하는 농민들은 기하급수적으로 늘어났다. 이에 따라 동학은 각 지역의 교도들을 관리, 통솔할 책임자로서 '접주'接主들을 임명했고, 그 접주들이 관리하는 지역은 '접소'接所라고 불렸다. 교단 조직은 대표적으로 전라도의 남접과 충청도의 북접이 있었는데, 이 두 개의 조직은 적지 않은 차이가 있었다. 남접에는 가난한 하층 농민이 많았고, 북접에는 경제적으로 여유가 있는 부민富民이 많았다. 남접은 사회 개혁에 대한 열망이 높아 조정과 외세에 적극적으로 대항하려는 성향을 띄었고, 북접은 사회 개혁에 비교적 소극적이었다.

동학의 세력이 커지면서 가장 큰 위기감을 느낀 것은 당시 조정의 실권자였던 흥선대원군이었다. 결국 대원군은 세상 사람들을 속여 정신을 홀리고 세상을 어지럽힌다는 '혹세무민'惑世誣民의 죄를 뒤집어씌워 동학 교조 최제우를 처형했다. 교조가 허무하게 죽자 동학교도들은 큰 충격에 빠졌다. 그러나 동학의 기세는 좀처럼 꺾이지 않았고, 되레 교도들의 숫자는 더욱 늘어났다. 이에 자신감을 갖게 된 동학교도들은 1892~1893년에 2대 교조였던 최시형의 주도로 조정에 최제우의 원통한 죽음을 풀어 달라는 '교조신원敎祖伸寃 운동'을 전개했다. 또한 동학교도들의 자유로운 종교 활동을 인정해 달라고 요구하기도 했다. 동학교도들은 전라도 삼례에서 관련 집회를 가졌다가 전라 감사의 거부로 실패한 후에 한양으로 대거 올라와 왕에게 복합상소를 올리기까지 했다.

조정은 일단 동학교도들에게 어느 정도 종교의 자유를 인정해 주는 척하면서 회유하는 모습을 나타냈다. 그러나 이는 기만책에 불과했다. 대원군에 이어 권력을 잡은 민씨 정권은 궁궐 앞에서 복합상소를 올린 사람들을 색출해 탄압하려고 했다. 이에 분노한 3만 여명의 동학교도들은 충청북도 보은報恩에 집결해 돌로 성을 쌓고 대규모 집회를 벌이며 결기를 다졌다. 특히 이전까지 단순 종교적 구호를 외치는데 그쳤던 동학교도들은 이 보은 집회 때 국정을 보살피고 백성을 편안하게 한다는 '보국안민'輔國安民과 일본 및 서양 세력을 배척하고 의를 떨치자는 '척왜양창의'斥倭洋倡義 등 정치적 구호를 외치면서 점차 농민혁명의 성격을 띄어갔다.

탐관오리 탐학, 최초 봉기

동학농민혁명의 기운이 무르익을 시점에 조선의 상황은 매우 익화돼 있었다. 사회적으로 부패가 심화돼 국가 재정의 근간이었던 전세, 군포, 환곡 등 이른바 삼정三政의 문란이 나타났고, 돈이나 재물로 벼슬을 사고파는 매관매직賣官賣職도 성행했다. 일본에 배상금 지불 등의 명목으로 민중들에 과도한 세금을 부과했고, 무능한 민씨 정권은 기울어가는 나라를 바로세우려하기는커녕 청나라와 밀착해 기득권 지키기에만 혈안이 돼 있었다.

이런 가운데 마침내 동학혁명을 촉발하게 만드는 사건이 1894년 전라북도 고부에서 발생했다. 2년 전 부임한 고부군수 조병갑이라는 탐관오리가 전횡專橫을 일삼아 그동안 쌓여왔던 농민들의 분노가 폭발한 것이다. 당시 조병갑은 농민들을 무리하게 동원해 만석보萬石洑라는 저수지를 만들었고, 여기에서 과도한 수세收稅를 징수했다. 또한 자신의 부친을 기리는 송덕비頌德碑 건립을 명분으로 과도한 세금을 부과했다. 이외에 여러 농민들에게 온갖 트집을 잡고 그들의 재산을 강탈하는 것을 서슴지 않았다.

농민들은 조병갑의 전횡을 더 이상 묵과할 수 없었다. 이에 따라 농민들은 당시 남접을 이끌었던 접주 전봉준을 앞세워 조병갑에게 세금을 낮춰 달라는 등의 요구를 강력하게 했다. 그러나 조병갑은 이 요구를 듣는 척도 하지 않았다. 이에 분개한 전봉준은 주모자가 누군지 알 수 없도록 원을 중심으로 참가자들의 이름을 적은 통문인 '사발통문'沙鉢通文을 만들면서 비로소 봉기를 모색하기 시작했다. 아울러 동지들과 함께 조병갑 제거와 군기창軍器廠* 점령, 전주영 함락 등을 담은 구체적인 행동 강령들까지 제정했다. 이후 1894년 2월음력에 비로소 봉기해 고부 관아를 습격했고, 조병갑이 불법적으로 수탈했던 수세미 등을 빼앗아 농민들에게 반환했다. 이렇게 최초 봉기가 성공한 후 전봉준 등은 일단 해산했다.

고부 봉기 소식을 접한 조정은 발칵 뒤집혔다. 즉시 진상조사를 했고, 전라감사 김문현의 보고 등을 기반으로 조병갑에게 잘못이 있었다는 것을 알게 됐다. 이에 조정은 조병갑을 파면하고 박원명이라는 사람을 새로이 고부군수로 임명했다. 아울러 농민들을 달래고 사태를 수습하기 위해 안핵사按覈使 이용태를 파견했다. 그런데 이용태는 사태 수습은커녕 오히려 사태를 악화시켰다. 그는 사태 수습을 명분으로 전봉준 등 동학교도들과 농민들을 탄압하기 시작했던 것이다.

1차 동학농민혁명, 반봉건

이에 대응해 1894년 4월 전봉준과 손화중, 김개남 등은 4000여명의 농민군을 이끌고 무장현에 모여 창의문무장동학포고

---

* 대한 제국기에 병기, 기치, 기타 군수품을 만들고 수리하는 일을 맡아 보았던 관청

문을 발표했다. 창의문에는 세상을 구하고 백성을 편안히 하며 일본을 내쫓아 성도聖道를 밝힐 것 등을 나타내는 보국안민 및 외세 배격 등이 담겼다. 이를 위해 주변 지역의 농민들이 봉기에 적극적으로 참여해줄 것을 요청했다. 마침내 1차 동학농민혁명의 깃발이 높이 올라간 것이다. 이후 전봉준은 백산현재 전북 부안에서 동도대장東徒大將으로 추대됐고, 손화중과 김개남은 전봉준을 보좌하는 총관령總管領이 됐다. 그리고 이들을 중심으로 비로소 농민군이 제대로 된 진용陣容을 갖췄다. 이 때 백산에 모인 농민군은 무려 8000여명이었다고 한다. 당시 한 사관은 이 광경을 '앉으면 죽산농민군이 앉으면 손에 든 죽창만 보이고, 서면 백산다 일어나면 흰 옷 입은 사람만 보인다'이라고 묘사했다.

동학농민군의 첫번째 목표는 부안 관아였다. 농민군이 이 곳을 습격해 손쉽게 점령하자 전라감사 김문현은 특수한 지역을 수비하기 위해 그 부근 장정을 뽑아 편제한 군사들인 별초군別抄軍 및 보부상이 중심이 된 관군으로 하여금 농민군을 진압하도록 했다. 그러나 이들은 사기가 드높은 농민군의 상대가 되지 못했고, 황토현현재 전북 정읍에서 관군 등은 대패했다.

이 소식은 조정에 급히 전해졌다. 사태가 심상치 않음을 깨달은 민씨 정권은 무장인 홍계훈이 이끄는 장위영의 경군 800여명을 전주성으로 파견했다. 이 군사들은 외국 교관에게 훈련을 받은 강한 군대로 알려져 있었다. 그러나 홍계훈의 경군이 전주성에 입성한 후 사기가 저하된 탈영병들이 속출했다. 이에 홍계훈은 조정에 증원군을 보내줄 것을 요청했고, 황헌주가 이끄는 총제영의 중군이 추가로 파견됐다. 증원군 파견 소식에 고무된 홍계훈은 경군을 이끌고 전주성을 나와 농민군을 맹렬히 추격하기 시작했다. 추격 도중에 홍계훈은 황헌주의 중군과 합세했고, 마침내 장성 남쪽 황룡촌黃龍村에서 조정의 중앙군과 농민군 간의 치열한 전투가 벌어졌다.

초반에는 비교적 우수한 전력을 가진 중앙군이 우세한 듯했지만, 농민군은 사력을 다해 반격했고 전세戰勢는 차츰 농민군 쪽으로 기울었다. 결국 중앙군은 농민군에 패해 뿔뿔이 흩어졌고, 농민군은 여세를 몰아 홍계훈의 경군이 있었던 전주성으로 쳐들어갔다. 예상 외로 강력한 농민군에 놀란 전주성 내 관군들은 더 이상 전주성을 사수하지 않고 급히 도망쳤다. 이로써 1894년 4월 27일에 농민군은 피를 흘리지 않고 전주성에 입성할 수 있었다.

한편, 농민군은 전주성을 점령하기 직전 장성에서 전라감사 김학진에게 13개조의 폐정개혁안을 제시하기도 했다. 여기에는 탐관오리의 가렴주구苛斂誅求*에 대한 철저한 징계와 개항 후 나타난 교역의 모순 제거 등이 담겼다. 당시 개항 후 침투해

---

* 여러 명목의 세금을 가혹하게 억지로 거두어들여 백성의 재물을 무리하게 빼앗는 일

온 외국 상인 등으로 인해 미곡의 국외 유출과 더불어 물가 폭등이 나타나 농민들은 큰 고통을 겪고 있었다. 이에 개혁안은 사회 변화를 바라는 농민들의 여망을 고스란히 반영한 것이었다. 다만, 13개조 폐정개혁안에는 국태공흥선대원군의 국정 간여를 통한 민심 회복이라는 조항도 담겨있었는데, 이는 농민군이 구 세력으로 여겨졌던 대원군과 손을 잡은 것으로서 본래 개혁을 지향했던 것과는 상당히 거리가 있는 모습이었다. 실제 대원군은 농민군의 봉기 초기부터 이들과 접촉하며 자신의 권력 회복을 도모하려 했고, 농민군 내 온건파는 대원군의 영향력에 어느 정도 의지하려 했던 것으로 전해진다.

농민군이 전주성을 점령한 직후에 전주성 인근에서는 이곳을 탈환하려는 관군과 사수하려는 농민군 사이에 치열한 전투가 벌어졌다. 이 전투에서 농민군은 선제 공격을 했음에도 수백명의 사상자를 내며 패전에 가까운 큰 피해를 입었다. 이런 가운데 다급해진 민씨 정권의 요청으로 파병된 청나라 군대가 아산만에 상륙했고, '텐진조약'으로 동등한 파병권을 획득한 일본군도 제물포에 상륙했다. 민씨 정권은 자신들의 권력 유지를 위해 서슴없이 외세를 끌어들였던 것이다.

농민군은 전주성 인근 전투에서의 패배로 기세가 한풀 꺾였고, 청나라와 일본 군대의 조선 주둔에 빌미를 주는 것에 깊은 우려를 갖고 있었다. 이런 상황에서 조정은 홍계훈을 앞세워 탐관오리들을 벌할 테니 농민군들이 고향으로 돌아가 본업에 종사할 것을 종용했다. 전봉준 등은 고심 끝에 24개조 폐정개혁안을 제시했고, 이를 조정에서 받아들이면 해산할 것이라고 답했다. 24개조 폐정개혁안은 앞서 제시된 폐정개혁안이 보다 구체화된 것으로, 농민들의 봉기 이유를 자세히 설명해주고 있다. 정치적으로는 탐관오리 숙청, 매관매직 청산 등 정치기강 문란의 시정을 주장했고, 경제적으로는 전세 · 군포 · 환곡 등 삼정의 문란 시정과 개항 후 발생한 외국 상인 및 독점 상인들의 횡포를 금할 것을 주장했다.

결국 이 같은 개혁안을 조정에서 받아들임으로서 1894년 5월 7일에 이른바 '전주화약'이 성립, 농민군은 전주성에서 철수해 해산했다. 전주화약 후 조정과 농민들은 전라도 지역의 개혁 사무를 관장할 자치 기구로 집강소執綱所를 설치했고, 농민군이 제시한 폐정개혁안 시행에 착수했다. 집강소를 통한 폐정개혁은 이전의 폐정개혁들이 수정, 보완돼 12개조로 재정립됐다. 주요 내용들을 보면 노비 문서를 불태우고 칠반천인七班賤人*의 대우 개선, 청춘과부靑春寡婦 개가 허용, 토지의 평균 분작分作, 일본과 간통奸通하는 자 엄징 등이 있었다. 이는 토지개혁 등이 담겼다는 점에서 갑신정변 때 제시된 혁신정강보다

---

* 조선시대, 천시되던 일곱 부류의 사람을 통틀어 이르던 말

훨씬 진일보한 것으로 평가된다.

2차 동학농민혁명, 반외세

하지만 농민군이 제시한 폐정개혁은 순조롭게 시행되지 못했다. 엄연히 기존 질서를 뒤흔드는 파격적인 반봉건 개혁안이 담긴 만큼 조정에서는 이를 탐탁지 않게 여겼고, 당초 농민군과 했던 약속들을 제대로 지키지 않으려 했다. 더욱이 당시 국내 정세가 심상치 않게 돌아가고 있었다. 텐진조약에 근거해 조선에 파병된 일본군이 본국으로 돌아가지 않고 조선의 내정에 노골적으로 간섭하려는 움직임을 보였고, 급기야 일본군이 무력을 동원해 경복궁을 점령하고 고종과 민비를 유폐시킨 '경복궁 쿠데타'가 발생했다.

이에 분노한 김개남이 중심이 된 농민군 내 강경파들은 1894년 8월 말에 남원에서 재봉기를 결의했다. 초반에 신중한 태도를 보였던 전봉준도 9월 초에 삼례에서 재봉기했다. 이 때 집강소를 통해 모여든 농민군은 수만명에 이르렀다. 반외세, 항일抗日로 대변되는 2차 동학농민혁명의 깃발이 높이 올라간 것이다. 2차 혁명 때는 참여 세력들이 1차 혁명 때에 비해 눈에 띄게 불어났다. 1차 혁명의 경우 전봉준이 이끄는 전라도의 남접만 참여했는데, 2차 혁명 때는 최시형이 이끄는 충청도의 북접도 참여했다. 당초 북접은 남접을 '사문난적'斯文亂賊**이라고 부르며 경멸했고, 사회 개혁보단 종교 활동의 자유를 획득하는 데에만 관심을 갖고 있었다. 하지만 항일이라는 더 큰 대의 앞에 남접과 북접이 한데 뭉친 것이다.

남·북접의 농민군은 논산에서 합세했고, 곧이어 관군의 근거지인 공주로 북상하려 했다. 그런데 이 때 조정은 농민군의 대의에 동조하기는커녕 일본군과 합세해 농민군을 무력으로 진압한다는 참담한 결정을 내렸다. 민씨 정권은 외세와 협력하는 한이 있더라도 농민군이 표방하는 반봉건의 싹을 잘라버리려 했던 것이다. 농민군 대 일본군·관군 연합군은 11월에 목천 세성산에서 첫 교전을 벌였다. 이 전투에서 북접 지도자 중 한 명이었던 김복명이 전사했고, 농민군은 힘없이 무너졌다.

이후 일본군 및 관군은 농민군보다 먼저 공주로 진입했고, 농민군이 공격해 올 것으로 예상되는 우금치와 이인, 효포 지역 등에 진을 치고 대비 태세에 들어갔다. 농민군이 논산과 노성을 거쳐 공주로 들어오는 길은 두 갈래가 있었다. 하나는 경천으로 해서 판치를 넘어 효포, 웅치 지역을 경유하는 길이었고, 다른 하나는 이인을 거쳐 우금치로 들어오는 길이었다. 이 때 농민군은 노성에서 두 부대로 나눠졌는데, 전봉준이 이끄는 한 부대는 판치, 효포, 웅치로 공주의 동쪽을 공격하고, 나머지

** 성리학에서 교리를 어지럽히고, 그 사상에 어긋나는 말이나 행동을 하는 사람

부대는 이인으로 진격해 공주의 남쪽을 공격하기로 했다.

첫 전투는 이인 지역에서 벌어졌다. 여기서 농민군은 일본 군 및 관군과 치열한 전투를 벌인 끝에 승리했다. 그러나 효포 지역 공략은 관군의 반격으로 좌절됐고, 한동안 공주를 사이에 두고 농민군 대 일본군 및 관군이 대치하는 형국에 들어갔다. 이후 농민군은 웅치 지역에 대한 공격에 나섰다가 일본군의 반 격에 당해 공주 남쪽으로 퇴각했다. 농민군의 사기가 저하될 즈음 전주 지역에 주둔하고 있던 김개남의 농민군이 합세했다. 농민군은 다시금 전열을 재정비했고, 판치 방면 공략에 나서 관군을 물리치는데 성공했다. 이 때 관군은 일본군이 주둔하고 있던 우금치牛禁峙로 퇴각했다.

농민군은 여세를 몰아 우금치로 진격해 일본군 및 관군과 조선의 운명을 건 일대 혈전血戰을 벌였다. 우금치 전투는 무 려 일주일동안 50여 회에 걸쳐 치러졌다. 농민군은 일본군 및 관군에 비해 빈약하기 짝이 없는 무기들을 가졌지만, 그야말로 사력을 다해 싸웠다. 반외세와 반봉건이라는 명확한 대의명분 이 있었기에 이들은 어려운 여건 속에서도 좀처럼 물러서지 않 았다. 하지만, 일본군의 근대식 무기 앞에 농민군은 점차 한계 를 드러냈고 끝내 무릎을 꿇고 말았다. 일본군의 강력한 기관 총은 수많은 농민군을 마치 학살하다시피 했으며, 농민군의 시 체는 산처럼 쌓였다. 마지막 몸부림으로 전봉준은 관군에게 함께 힘을 모아 일본군에 맞서 싸우자고 간절히 호소했지만, 전혀 소용이 없었다.

우금치 전투에서 처참하게 패배한 농민군은 논산 방면으로 퇴각했다. 우금치 전투에 참전한 농민군 외에 다른 농민군은 공주 감영을 배후에서 치기 위해 봉황산을 공격했지만, 이 역시 역부족이었고 수많은 사상자를 낸 채 퇴각했다. 청주로 북상했던 김개남의 농민군도 일본군 및 관군의 공격을 받아 전주를 거쳐 태인 방면으로 퇴각했다. 손병희가 이끄는 북접 주력부대는 본거지인 충주에서 일본군 및 관군의 공격을 받은 후 완전히 해산됐다. 이 때 농민군을 공격한 것은 비단 일본군 및 관군 만이 아니었다. 농민군의 사회 개혁을 두려워했던 양반층으로 구성된 민보군도 각지에서 농민군을 잔혹하게 공격했고, 결국 모든 농민군은 재기 불능의 궤멸 상태에 빠지고 말았다.

한편, 동학농민혁명을 최일선에서 주도했던 전봉준은 순창에서 은밀히 재기를 모색했지만, 과거 자신의 부하였던 김경천의 밀고로 인해 12월에 관군에 체포됐다. 전봉준은 이듬해 4월 손화중, 김덕명 등과 함께 형장의 이슬로 사라졌다. 또 다른 녹두장군이었던 김개남도 옛 친구인 임병찬의 밀고로 체포돼 처형됐다. 1894년 2월 고부 봉기를 시작으로 1년 여 간 지속됐던 동학농민혁명은 이렇게 막을 내렸다.

계승, 발전

비록 외세의 개입 등으로 조선사 최초의 아래로부터의 혁명은 실패로 끝났지만, 그들이 추구했던 반봉건, 반외세의 가치는 이후의 역사에서 계승, 발전됐다. 무엇보다 폐정개혁안에 담긴 신분제 폐지 요구는 갑오개혁 때 상당 부분 수용됐다. 문벌 제도, 반상 차별, 죄인 연좌법 폐지와 조혼 금지 및 과부의 개가 허용 등이 이뤄진 것이다. 이에 따라 지난 수백년 간 이어져 온 대표적인 봉건적 관습들이 공식적으로 폐기됐다.

아울러 동학농민혁명은 항일 의병 투쟁의 근간이 됐다. 우선 1895년 일본 낭인들에 의해 민비가 시해되고 단발령斷髮令이 내려지자 동학농민혁명에 참여한 세력들이 중심이 돼 우리나라 최초의 대규모 항일 의병인 을미의병乙未義兵이 일어났다. 이후 일본의 국권 침탈에 반대하며 을사의병乙巳義兵, 정미의병丁未義兵 등이 연이어 일어났고, 나아가 항일 무장독립운동으로 발전했다.

동학농민혁명의 역사적 성격은 1919년에 발생한 '3.1 운동'으로 계승되기도 했다. 피지배층이 지배층에 대항해 역사 발전의 주체로 등장하는 계기를 마련했다는 점에서 동학농민혁명과 이후의 3.1 운동은 상당한 연계성을 갖고 있고, 우리나라 역사 발전 과정에 있어 매우 중요한 부분으로 평가를 받는다.

4부 :

고난과 좌절

"...이상적이라 할 만큼 건강하던 황제가 식혜를 마신지 30분도
안 되어 심한 경련을 일으키며 죽어갔다."

_고종 독살설 中

조선의 왕비가 일본 낭인에 도륙되다

: 작전명 '여우 사냥'
  민비 시해 전말

을미사변 _ 한국민족문화대백과사전

"...중략...특히 무리들은 안으로 깊숙이 들어가 왕비를 끌어내어 두 세 군데 칼로 상처를 입혔다. 나아가 왕비를 발가벗긴 후 국부음부 검사를 하였다. 웃을 일이다. 또한 노할 일이다 그러고는 마지막으로 기름을 부어 소실시키는 등 차마 이를 글로 옮기기조차 어렵도다. 그 외에 궁내부 대신을 참혹한 방법으로 살해했다."

_예조 보고서 中

　　조선이 열강들에 의해 종속되면서 그 운명이 경각頃刻에 달려있을 때 조선의 궁궐 한복판에서 매우 비극적인 사건이 발생했다. 바로 조선의 왕비였던 '민비'대한제국 선포 후 명성황후 추존가 일본 낭인浪人들에 의해 처참하게 도륙屠戮*된 것이다. 한 나라의 국모國母로 여겨지는 인물이 이러한 방식으로 죽음을 맞이한 것은 세계 역사상 그 유례를 찾아보기가 힘들다.

　　기실 민비는 역사적으로 비판을 받을 여지가 많은 인물이다. 조선 말, 최익현의 상소를 계기로 흥선대원군이 실각하고 민비가 권력을 잡은 이후 조선에는 다시금 망국적인 외척세도外戚世道 정치 및 국정농단이 부활했다. 중앙 및 지방의 요직은 민비의 측근들이나 친인척들이 차지했고, 이들로 인해 부패와

* 사람이나 짐승을 무참하게 마구 죽임
** 돈이나 재물을 받고 벼슬을 시킴

사치, 매관매직賣官賣職** 등이 성행했다. 무당인 '진령군' 등의 사례에서도 볼 수 있듯이 민비 자신의 부패와 사치도 대단했으며, 이로 인해 조선의 국고國庫 탕진은 점차 가속화됐다. 더욱이 민비는 외세를 끌어들여 조선 백성들동학농민들에 대한 학살을 사주使嗾하기까지 하며 권력 유지를 도모했던 인물이다.

하지만, 이처럼 문제가 많은 인물임에도 불구하고 우리가 '을미사변'乙未事變에 분노를 금할 수 없는 이유는 외세, 그것도 이웃 나라 일본이 버젓이 불법적이고 극악무도한 방법을 동원해 우리나라 땅에서 우리나라 왕비가 되는 사람을 살해했기 때문이다. 현재까지 일본은 이 사건과 관련해 단 한번도 사과를 하지 않았다. 단죄를 받아야 할 인물이라도 마땅히 우리 손으로 단죄를 했어야 정상이며, 한 인물에 대한 평가와 역사적 사실에 대한 평가는 구분할 필요가 있다. 결국 이 사건은 그 당시 조선의 국력國力이 얼마나 보잘것없었는지, 이에 따라 어떠한 비극이 발생할 수 있는 지를 단적으로 보여주는 사례였다. 작전명 '여우사냥'으로 불린 민비 시해弑害 사건, '을미사변' 전말을 되돌아봤다.

친러파 득세, 日 위기감

1895년 청일 전쟁에서 승리한 일본은 의기양양해졌다. 민씨 정권과 결탁해 조선의 종주권宗主權*을 주장하며 세를 떨치던 청나라를 군사적으로 굴복시킨 후 '시모노세키 조약'을 체결해 요동 반도와 대만 등을 할양받은 것은 물론 조선에 대한 확고한 우위를 확보했기 때문이다. 이에 앞서 1년 전에 일본은 이른바 '경복궁 쿠데타'를 통해 조선 조정에 친일 내각을 세웠고, 1·2차 갑오개혁을 배후에서 조종하며 조선에 대한 정치, 경제적 침투를 강화했다. 이제 라이벌이었던 청나라마저 몰아내면서 일본은 본격적으로 조선에 마수魔手를 뻗칠 것처럼 보였다.

하지만 일본 앞에 새로운 강적이 등장했다. 바로 극동아시아로의 남하南下 정책을 추진하고 있던 러시아였다. 러시아는 일본이 요동 반도를 점령하며 극동아시아의 강자로 부상하는 것을 크게 우려했다. 이에 러시아는 유럽의 독일, 프랑스를 끌어들여 일본을 압박하는 '삼국 간섭'을 단행했다. 삼국 간섭의 핵심은 일본이 요동 반도를 청나라에 되돌려 주라는 것이었다. 일본에게 있어 이는 대단히 굴욕적인 요구였다. 청일 전쟁에서 어렵게 승리를 거둬 쟁취한 성과물을 아무 조건 없이 내놓으라는 것이었기 때문이다. 요동 반도를 돌려주게 되면 조선에 대한 일본의 영향력도 줄어들게 되고, 한반도의 주도권은 러시아에게 넘어갈 가능성이 높았다.

---

* 한 나라가 국내법의 범위 안에서 다른 나라의 내정이나 외교를 관리하거나 지배하는 특수한 권력

그럼에도 불구하고 일본은 삼국 간섭을 수용했다. 굴욕적이지만 러시아 뿐만이 아닌 독일, 프랑스라는 초강대국들을 적으로 돌릴 수는 없었던 것이다. 일본은 요동 반도를 청나라에게 반환했고, 한창 잘 나가던 일본의 기세는 제대로 꺾였다. 한편, 고종과 민비는 이 같은 국제 정세를 주의 깊게 목도目睹하고 있었다. 그동안 청나라를 등에 업고 권력을 유지했던 민비는 이제 일본도 가볍게 굴복시켜버리는 러시아라는 더욱 든든한 뒷배를 발견한 셈이었다.

이에 고종과 민비는 러시아를 끌어들여 일본을 배격하는 '인아거일책'引俄拒日策을 추진한다. 특히 3차 갑오개혁 때 이완용, 이범진, 민영환 등 친러·친미 성향의 정동파貞洞派를 중용했고, 1·2차 갑오개혁을 주도한 박영효 및 어윤중, 김가진 등 친일파 관료들을 제거해나갔다. 또한 고종은 기존 일본군 장교가 맡고 있던 훈련대 대신 다이 장군 등 미국 군사 교관들에 의해 훈련 받은 군인들인 시위대侍衛隊가 궁궐 호위를 담당하도록 했다. 이 당시 조선의 중앙군은 시위대와 훈련대로 양분된 상태였다.

이처럼 조정에서 친러파 등이 득세하고 러시아의 영향력이 증대되면서 일본은 초조해지기 시작했다. 이대로 가면 1876년 강화도 조약 이후 그렇게 공을 들였던 조선 침탈이 완전히 좌절될 수 있다는 위기감이 팽배했다. 그러자 일본은 세계 역사에서 유례를 찾아보기 힘든 매우 극악무도한 반전反轉을 모색하게 된다.

여우사냥 모의

일본은 친러파 득세 및 친일파 몰락이라는 조정의 세력 구도를 좌지우지하는 원흉元兇*으로 민비를 지목했다. 더 나아가 민비가 없어져야 다시금 자신들의 영향력이 강화될 수 있을 것으로 생각했다. 이에 따라 일본은 민비 제거 작전을 구체적으로 모의하게 된다. 작전명은 '여우사냥'. 한 나라의 왕비를 서슴없이 동물에 비유한 것이다.

표면적으로 이 작전을 주도한 인물은 1895년 9월에 새로운 일본 공사로 조선에 부임한 미우라 고로와 전임자인 이노우에 가오루였다. 우선 미우라 고로는 일본 육군 중장 출신으로 암살 전문가로 여겨졌다. 이노우에 가오루는 문관 출신이자 일본 정계의 거물이었다. 이노우에 가오루가 미우라 고로를 새로운 일본 공사로 적극 추천했고, 두 사람은 만나자마자 일본 공사관에서 민비 제거를 위한 밀실 모의를 시작했다. 그러나 한 나라의 왕비를 제거하는데 고작 이 두 사람만이 모의, 실행했을 리는 없었다. 이노우에 가오루는 당시 일본의 수상 격이었

* 못된 짓을 일삼는 악한 무리의 우두머리

던 이토 히로부미에게 재가를 받은 것으로 알려졌고, 더 나아가 일왕^{日王}도 이를 인지하고 승인했을 것으로 추정된다.

민비 제거 작전의 핵심은 일본이 주도적으로 이를 실행하지만, 마치 그렇지 않은 것처럼 보이게 만드는 것이었다. 고심 끝에 미우라 등은 민비의 오랜 정적政敵이었던 고종의 아버지 흥선대원군과 조선인 훈련대를 끌어들여 이들에게 책임을 덮어씌우기로 했다. 이에 따라 일본은 우선 훈련대의 1대대장 우범선과 2대대장 이두황, 전 군부협판 이주회 등을 포섭했다. 작전이 시행되면 훈련대는 일본 공사관이 좌지우지하게 될 것이었다. 그리고 일본은 흥선대원군에게 찾아가 '국태공國太公 전하'라고 높여 부르면서, 대원군 세력 중용 등을 내세우며 민비 제거에 협조해줄 것을 요청했다. 그런데 대원군은 이 같은 일본의 제안에 주저하는 모습을 보인 것으로 전해진다. 고령이었지만 정무 감각이 뛰어났던 대원군은 일본의 의도가 무엇인지 직감했던 것으로 보인다. 그럼에도 대원군은 일단 협조하는 듯한 모양새를 취했다.

책임 전가용 포섭과 더불어 미우라는 한성신보漢城新報 사장인 아다치 겐조에게 상당한 자금을 주고 칼을 능숙하게 사용하는 일본인 낭인들을 동원하도록 했다. 다방면으로 수소문한 결과 동원된 낭인은 총 48명이었다. 이들 중 절반 이상이 일본 극우極右의 성지라고 불리는 구마모토시 출신들이었다. 그런데 이 낭인들의 면면을 자세히 들여다보면 단순한 낭인들이 아니었다. 이 중에는 일본 최고 대학인 동경대 출신, 기자 출신, 심지어 훗날 일본 내각의 요직에 임명되는 엘리트들이 다수 포함돼 있었다. 어느 정도 준비가 완료된 일본은 최종적으로 작전 시행일을 10월 10일 새벽으로 정했다.

한편, 미우라는 작전 시행일 전에 조선 조정에서 눈치채지 못하도록 위장 전술도 구사하는 치밀함을 보였다. 특히 미우라는 몇 일 동안을 밖에 나가지 않고 공사관 안에서 불경 만을 외는 듯한 모습을 보이며 주변의 경계심을 대폭 완화시키기도 했다.

을미사변

그런데 순조롭고 치밀하게 작전을 진행하던 일본에게 뜻밖의 걸림돌이 발생했다. 민비 주도로 훈련대의 무장 해제 및 해산 조치가 진행될 것이라는 소식이 전해진 것이다. 앞서 언급한 대로 훈련대는 일본인 교관이 훈련을 담당하고 있었고, 훈련대 대대장들은 민비 제거 작전에 일정 부분 협조하기로 포섭된 상태였다. 그런데 만약 훈련대 해산이 현실화되면 작전은 무산될 가능성이 높았다. 시간에 쫓기게 된 일본은 결국 이틀을 앞당겨 작전을 시행하기로 결정했다. 이에 따라 1895년 10월 8일 새벽에 을미사변은 일어나게 된다.

우선 당일 새벽 3시에 일본 낭인들은 흥선대원군이 머물고 있는 아소정我笑亭으로 갔다. 그 곳에서 잠자고 있던 대원군을 억지로 깨워 가마에 태운 후 신속히 경복궁으로 향했다. 일각에서는 이 날 대원군이 빨리 나타나 이른 시간에 작전이 시행될 예정이었지만, 일본의 의도를 직감한 대원군이 일부러 늑장을 부리는 바람에 작전 시간이 상당히 지연됐다는 설도 존재한다. 아울러 훈련대와 수비대도 경복궁으로 진격했다. 이 때 훈련대 대대장들은 일본에 포섭된 상태였지만, 대부분의 훈련대 병사들은 그저 야간 훈련이 실시되는 것으로만 알고 있었다. 이와 함께 미우라는 적지 않은 일본군도 동원해 경복궁을 포위했다. 마침내 새벽 5시에 대원군이 탄 가마가 광화문 앞에 도착하자 일본 낭인들과 훈련대, 일본군은 광화문의 빗장을 열고 안으로 밀고 들어갔다.

일본 낭인들은 사전에 정보를 입수해 민비가 편전인 북쪽의 건청궁乾淸宮에 있다는 것을 알았다. 일본 낭인들과 일본군이 건청궁으로 맹렬히 돌진하던 중에 훈련대연대장 홍계훈 부령과 군부대신 안경수 등이 이끄는 조선군 시위대와 교전이 벌어졌다. 이 과정에서 시위대 병사 10여 명과 홍계훈 부령이 전사했다. 이후 숙직 중이던 다이 장군과 시위대장 현흥택 부령의 지휘 하에 급히 소집된 조선군 시위대가 저항했지만 멀지 않아 무너졌다. 생포된 현흥택 부령은 일본 낭인들에게 수모를 겪으며 민비의 소재를 추궁당했지만, 끝내 입을 열지 않았다. 뒤이어 다이 장군으로부터 훈련을 받은 시위대 제1대대장 이학균 참령이 연무공원에서 일본 낭인들을 공격하려다 저지당했다.

이로써 모든 저항을 물리친 일본 낭인들은 건청궁에 진입해 궁녀들을 겁박하며 민비가 어디에 있는 지를 집요하게 캐물었다. 궁녀들은 그저 겁에 질려 비명을 지를 뿐이었다. 심지어 낭인들은 고종의 침소에도 들어가 사전에 준비한 왕비 폐출조서廢黜詔書*에 서명하라고 겁박하기도 했다. 고종이 이를 계속 거부하자 고종의 어깨와 팔을 붙잡고 끌고 다니거나 왕세자에게 칼을 휘둘렀다. 일개 타국 낭인들의 극악무도한 행위에 의해 힘없는 한 나라의 군왕과 조정은 철저하게 유린당했다.

이런 가운데 마침내 일본 낭인들은 건청궁 동쪽 곤녕합에서 민비를 발견했다. 그런데 일본 낭인들이 정확히 어떻게 민비를 찾아냈는지는 여러 설說들이 존재한다. 민비가 초상화 및 사진 찍기를 싫어했기 때문에 그녀의 얼굴은 널리 알려지지 않았었고, 일본 낭인들도 민비의 얼굴을 제대로 알지 못하는 상황이었다. 우선 궁내부대신 이경직이 민비 앞을 가로막자 자연스레 일본 낭인들이 민비를 찾게 됐다는 설이 있다. 또한 일본

---

* 어떤 사람을 작위나 관직을 떼고 내침

인 무수리 한 명이 민비의 정체를 알려줬다는 설도 있다. 가장 결정적인 설은 일본 낭인들이 아이를 낳은 민비와 그렇지 않은 궁녀들의 옷을 모두 벗긴 후 가슴 및 음부를 일일이 대조해가며 민비를 찾아냈다는 것이다. 이는 당시 일본 낭인들 중 한 명이 었던 에조가 일본 정부에 올린 보고서에 나오는 내용이다.

민비를 찾아낸 일본 낭인들은 제대로 된 설명이 어려울 정도로 민비를 처참하게 능욕하고 난도질했다. 드라마와 달리 살려 달라고 애원하는 민비에게 일본 낭인 여러 명이 달려들어 칼을 휘두르고 짓밟았으며, 심지어 겁탈(劫奪)하기도 했던 것으로 전해진다. 살해한 후에는 칼자국 등의 증거를 없애기 위해 민비의 시신을 토막 내고 건청궁 동쪽 녹원 숲 속에서 불태워버렸다. 일본 공사 미우라는 민비가 시해당한 직후 건청궁으로 들어와 민비의 시신을 최종적으로 확인했다. 이로써 일본의 천인공노할 작전명 '여우사냥', 을미사변은 일본 입장에서 매우 성공적으로 마무리됐다.

사건 왜곡, 은폐

을미사변 이후 일본은 사건을 왜곡하고 은폐하는데 만전을 기했다. 을미사변과 관련해 일본이 내세운 최초의 공식적인 입장은 흥선대원군과 조선인 훈련대가 자행한 쿠데타이며, 고종의 요청에 의해 일본군이 파견돼 이를 진압했고 민비 시해는 전혀 알지 못한다는 것이다. 그러면서 일본은 친러파를 몰아내고 친일 성향의 4차 김홍집 내각을 출범시켰고, 이를 배후에서 조종하며 민비 폐위조칙을 발표하게 했다.

하지만 사건 현장에 있었던 다이 장군의 증언 등으로 인해 민비 시해가 일본에 의해 저질러졌다는 사실이 점차 알려지게 됐다. 이에 러시아와 미국 등은 분노했고, 각각 병사들을 동원해 일본을 겨냥한 무력 시위를 하는 한편 친일 성향의 4차 김홍집 내각을 인정하지 않았다. 더 나아가 다른 나라의 공사관과도 연합해 대일 공동 전선을 꾸리는 모습도 보였다.

국제적으로 여론이 악화되자 일본은 미우라 공사가 사건에 연루됐음을 시인했고, 미우라를 포함한 일본인 가담자들을 본국으로 송환해 수감했다. 또한 전임 공사였던 이노우에를 왕실 위문사慰問使*로 파견했고, 일본군 철수 및 대한불간섭 성명도 발표했다. 그러나 이는 어디까지나 형식적인 조치에 불과했다. 얼마 안 가 친러 · 친미 성향의 정동파들이 친일 내각을 쫓아내려 한 '춘생문春生門 사건'이 발생하자 일본은 표변豹變**하는 모습을 보였다. 이 혼란스러운 사건에 자신들이 아닌 다른 나라 사람들이 개입됐다고 역공을 가함과 동시에 을미사변 책임

---

* 위문하기 위하여 보내던 사신
** 말과 행동이 뚜렷이 달라짐

에서도 교묘히 벗어나려고 안간힘을 썼다. 이에 따라 앞서 본국으로 송환, 수감됐던 미우라 및 낭인들을 증거 불충분의 명목으로 전원 무죄 석방시켰다.

한편, 마땅히 을미사변에 분노해 일본에 강력히 대응했어야 할 고종과 조정은 의외로 소극적인 모습을 나타냈다. 고종은 민비의 죽음을 적지 않은 시간이 흐른 뒤에야 공식 발표했는데, 여기서 일본의 만행 등에 대한 언급은 전혀 없었다. 되레 흥선대원군을 물러나게 하고 일본에 비해 사건과 연관성이 적은 일부 사람들을 처형하는 선에서 사건을 덮으려고 했다.

결과적으로 을미사변은 고종과 조정으로 하여금 일본에 대한 두려움을 크게 갖게 만들었던 것이다. 이후 조선의 친일 내각은 을미사변에 따른 민중들의 반감을 무마하기 위해 단발령斷髮令, 군제 개편, 소학교 설치 등 급진적인 내정 개혁을 추진한다.

대한제국 황제, 의문사하다

: 나라를 빼앗긴 비운의 황제
  고종의 국권 회복 노력과 의문의 죽음 전말

1919년 3월 3일에 거행된 고종의 국장國葬 _ 문화재청

"...중략...한진창씨는 광무태황제가 독살된 게 틀림없다고 믿고 있다. 그가 이렇게 생각하는 근거는 이렇다. 이상적이라 할 만큼 건강하던 황제가 식혜를 마신지 30분도 안 되어 심한 경련을 일으키며 죽어갔다. 황제의 팔다리가 1~2일 만에 엄청나게 부어올라서 사람들이 통 넓은 한복 바지를 벗기기 위해 바지를 찢어야만 했다. 황제의 이는 모두 구강 안에서 빠져있고, 혀가 닳아 없어져 버렸다는 사실을 발견했다. 30cm 가량 되는 검은 줄이 목 부위에서부터 복부까지 길게 나 있었다. 민영휘, 나세환, 강석호 등과 함께 염을 행한 민영달씨가 한씨에게 이 상세한 내용들을 말해주었다고 한다."_윤치호 일기 中

20세기 초, 전 세계 모든 국가들의 예상을 뒤엎고 러·일 전쟁에서 승리한 일본은 오랫동안 노렸던 대한제국大韓帝國을 완전히 손아귀에 넣는데 성공했다. 약 500년 간 이어진 조선과 이후 대한제국의 주권主權*은 일본에게 철저히 종속됐고, 조선의 마지막 왕이자 대한제국의 초대 황제였던 고종高宗은 이제는 그저 일본의 식민지植民地가 된 나라의 폐주廢主**로 전락했다.

그동안 고종은 우유부단하고 겁이 많은 황제라는 비판을

* 국가의 의사를 최종적으로 결정하는 권력
** 반대 세력에게 몰려난 임금

받아왔다. 이러한 특성으로 인해 민비 외척 外戚 세력과 해외 열강들에게 크게 휘둘렸고, 결국 나라가 망국亡國으로 나아가는 데 결정적인 책임을 갖고 있다는 비판이 항상 뒤따랐다. 물론 어느 정도 수긍이 가는 측면도 있지만, 그럼에도 국권國權 침탈 후 '유폐幽閉된 황제' 고종은 일본의 감시와 압제 속에서 국권 회복을 위한 나름의 방안들을 지속적으로 모색했다.

그런데 이런 방안들이 구체적인 실행 단계에 접어들 무렵 고종은 갑자기 세상을 떠났다. 당시 누구도 예상하지 못했던 급서急逝였기에 민중들의 충격은 이루 헤아릴 수 없었고, 급기야 고종이 일본에 의해 죽임을 당했다는 '독살설'이 널리 유포되기에 이른다. 이것이 현재 정사正史로 받아 들여지는 것은 아니지만, 이를 뒷받침하는 여러 정황과 증언 등으로 인해 당시는 물론 현재에도 고종 독살설은 설득력 있게 회자되고 있다.

어찌 보면 고종의 죽음에 대한 논란은 나라를 잃은 민중들의 설움과 분노가 크게 투영된 것으로 볼 수 있다. 이는 결국 '3.1 운동'이라는 거국적인 민족 운동의 도화선이 됐고, 왕정이 아닌 민주 공화정共和政*을 지향하는 '대한민국 임시정부'의 탄생으로 이어졌다. 나라를 빼앗긴 비운悲運의 황제, 고종의 국권

---

* 주권이 한 사람의 의사에 따라 행사되지 않고 여러 사람의 합의에 의하여 행사되는 정치

회복 노력과 의문의 죽음 전말을 되돌아봤다.

국권 침탈, 유폐

1905년, 일본의 강압으로 '을사늑약'乙巳勒約이 체결됐다. 직후 통감부統監府가 설치돼 대한제국의 내정은 일본에 완전히 장악됐고 외교권은 박탈됐다. 이때부터 사실상 주권이 일본에게 넘어감으로서 대한제국은 일본의 식민지가 됐다. 일본은 을사늑약을 체결할 때 고종에게 이를 재가裁可*할 것을 집요하게 요구했다. 그러나 고종은 을사늑약의 재가를 끝까지 거부한 것으로 전해진다. 실제로 조약은 대한제국의 외부대신 박제순과 일본의 특명전권공사 하야시 곤스케의 이름으로 체결됐는데, 여기에는 고종의 위임장이 첨부되지 않았고 조약 명칭도 기재되지 않았다.

고종은 을사늑약에 대해 "짐을 협박하여 조약을 조인했다"고 주장하며 무효를 선언했고, 국제 사회에 친서를 보내 조약의 불법성을 호소했다. 미국인 헐버트를 통해 "보호 조약은 병기로 위협하여 늑정勒定했기에 전혀 무효하다"는 내용의 급전急電을 미국 정부에 전달했고, 영국인 베델이 경영하는 '대한매일신보'에 미국, 프랑스, 독일, 러시아 원수에게 보내는 서한을 발

---

* 결재권을 가진 사람이나 단체가 안건을 허락하여 승인함

표하기도 했다. 특히 고종은 1907년 네덜란드 헤이그에서 열린 제2차 만국평화회의에 이준, 이상설, 이위종 등 3인을 밀사密使로 파견해 끝까지 을사늑약 무효를 도모했다.

그러나 이 모든 노력들은 일본의 공작 등으로 인해 무위無爲에 그쳤고, 일본은 헤이그 밀사 사건을 구실로 1907년 고종을 강제 퇴위시켰다. 이어 유약한 순종純宗을 즉위시켰고, 연호를 광무光武에서 융희隆熙로 바꿨다. 폐위된 고종은 '유폐된 황제'가 됐다. 이토 히로부미는 통감으로 부임한 후 한국의 황실과 행정부를 장악했고, 병력을 동원해 고종의 주변을 철저히 차단하고 고립시켰다. 특히 '궁금령'宮禁令을 제정 공포해 모든 외부인들이 궁궐에 출입하려면 반드시 일본 경무고문부의 허가증을 얻도록 했다. 만약 허가증을 받지 않고 출입하면 엄한 처벌이 기다리고 있었다. 이러한 조치와 관련해 이토 히로부미는 '궁궐의 위엄과 안전을 보장하기 위한 것'이라는 핑계를 댔다. 결국 고종은 한 나라의 황제에서 신하들조차 마음대로 만날 수 없는 매우 처량한 폐주廢主로 전락했다.

반전 모색, 밀서

고종의 유폐 생활은 장기간 지속됐지만, 이 와중에도 고종은 은밀히 밀지密旨를 내려 항일 의병 투쟁을 독려한 것으로 전해진다. 실제로 고종이 퇴위되고 군대가 해산된 후 전국 각지에서는 유생과 농민을 비롯해 군인과 상인 등 각계각층이 참여한 의병 투쟁이 일어났다.

이런 가운데 1918년에 이르러 고종은 나라의 독립을 위해 외교전을 펼칠 수 있는 기회를 또 다시 포착했다. 당시는 제1차 세계 대전이 종료되고 미국 대통령 우드로 윌슨을 중심으로 '민족 자결주의'가 확산되고 있었다. 이는 정치적 원리의 하나로서 민족 의식을 지닌 한 집단이 독자적인 국가를 형성하고 자신의 정부를 선택할 수 있어야 한다는 것이었다. 고종은 이러한 사상을 통해 독립에 대한 희망을 가졌고, 제1차 세계 대전을 청산하는 국제 협상인 '파리강화회의'에 밀사를 파견해 국권 회복을 위한 국제적 지원을 얻어내려고 했다.

아울러 이 즈음 고종은 독립운동가 우당 이회영 등의 제안을 받아들여 중국 베이징으로의 망명亡命을 은밀히 추진한 것으로 알려진다. 고종이 해외로 망명하면 독립 운동의 강력한 구심점求心點*이 될 가능성이 있었다. 민비의 사촌동생인 민영달이 5만원의 거금을 내놓았는데, 이회영은 이 자금으로 베이징에 고종이 거처 할 행궁行宮을 마련하려고 했다. 기실 고종이 망명을 추진한 것은 이번이 처음이 아니었다. 고종은 1904년 러·일 전쟁 때 러시아로의 망명을 시도한 것을 시작으로 총 5

* 중심적인 역할을 하는 사람이나 단체 따위를 비유적으로 이르는 말

차례에 걸쳐 해외 망명을 모색했다.

이처럼 유폐된 황제는 나름대로 반전反轉의 계기를 마련하기 위해 몸부림을 쳤다. 단순한 계획만이 아니라 구체적인 실행이 뒤따를 것처럼 보였다. 그런데 1919년 1월 21일 밤, 별안간 충격적인 일이 발생했다. 건강했던 고종이 덕수궁 함녕전에서 향년 68세의 나이로 승하昇遐한 것이다.

독살설 논란

누구도 예상하지 못했던 고종의 갑작스러운 죽음으로 민중들은 큰 충격에 빠졌다. 무엇보다 평소에 고종이 매우 건강했기 때문에 민중들은 이를 쉽사리 믿지 못하는 분위기였다. 당시 궁내부 사무관이었던 일본인 곤도 시로스케도 그가 쓴 『이왕궁비사』李王宮秘史에서 "나는 너무 뜻밖이어서 그 사실이 믿어지지 않아 혹시 창덕궁純宗 쪽이 아닌가 반문했다"면서 "그렇게 물은 것은 왕 전하께서 평소 병약하셨기 때문이며 덕수궁高宗 전하께서는 매우 건강하셨기 때문"이라고 전하고 있다. 승하하기 얼마 전까지도 고종은 수라水刺*를 잘 들었다고 한다.

이런 가운데 민중들 사이에선 고종의 죽음과 관련한 논란이 증폭됐다. 바로 '고종 독살설'이다. 고종의 평소 건강 상태와

---

* 궁중에서 임금에게 올리는 밥을 높여 이르는 말

그가 은밀히 추진했던 반전을 감안할 때 고종이 일본 및 친일파에 의해 죽임을 당했을 수 있다는 소문이 광범위하게 퍼졌다. 시간이 갈수록 독살설은 그 이유와 연루자들의 실명까지 등장하며 구체화됐다. 광화문 앞 전수학교의 벽에는 '저들일본이 파리강화회의를 두려워해 우리 황제를 독살했다'는 내용의 글이 붙여졌다. 고종의 죽음 직후 발표된 '국민대회성명서'에는 일본이 이완용에게 윤덕영, 한상학이라는 역적을 시켜 식사 당번을 하는 두 궁녀로 하여금 밤참에 독약을 타서 올리도록 했다는 글이 실리기도 했다. 이와 비슷한 내용은 외국인인 마티 윌콕스 노블의 일기에도 등장했다.

고종 독살설과 관련해 가장 큰 주목을 받고 있는 것은 한때 독립운동가이자 친일파였던 윤치호가 쓴 일기였다. 윤치호는 고종의 시신을 직접 본 민비의 사촌동생 민영달이 중추원 참의 한진창에게 한 말을 자신의 일기에 기록해 놓았다. 여기에는 매우 건강하던 고종이 식혜를 마신 후 짧은 시간 내에 심한 경련을 일으키며 죽어갔고, 그 시신의 팔다리는 하루 이틀 만에 크게 부어올라 한복 바지를 벗기기 위해 옷을 찢어야 했다고 적혀있다. 이어 실제로 염殮을 행한 사람에게 직접 들었다고 전제한 후 죽은 고종의 이가 모두 빠져 있었고 혀는 닳아 없어졌으며, 기다란 검은 줄이 목에서 복부까지 나 있었다고 적혀있다. 승하 직후 고종에게 식혜를 올린 궁녀 2명도 의문사 했다고 덧붙였다.

또한 병조판서를 지낸 민영휘가 홍건이라는 사람에게 한 말을 기록한 부분에서는 고종이 한약을 한 사발 먹고 난 후 한 시간도 못 돼 현기증과 위통을 호소했고, 잠시 후 고종의 육신이 심하게 마비돼 민씨가 도착했을 때 입도 뻥끗하지 못했다고 전하고 있다. 더욱이 고종이 죽어가면서 민씨의 두 손을 세게 움켜쥐어서 환관이 이를 푸느라 무척 애를 먹었다고 전한다. 윤치호는 일기에 증언자들의 실명을 모두 기재함으로서 신빙성을 높이려 하고 있다. 현대 의학에서는 윤치호 일기에 나와있는 고종의 심한 경련은 독성 급성중독에 의한 것이고, 시신이 부어오른 것은 중독에 의해 사후 부패가 빠르게 진행됐기 때문이라고 진단한다. 그리고 목에서 복부까지 난 검은 줄은 시신 부패 시 피부 혈관들이 그물처럼 나타나는 '부패망'이며, 고종이 민씨의 두 손을 세게 움켜쥔 것은 갑작스레 다가온 죽음에 맞서 본능적으로 생명줄을 붙들기 위한 몸부림이라고 보고 있다.

고종 독살설과 관련한 증언은 여기서 끝나지 않는다. 당시 총독부의 주요 관리였던 구라토미가 남긴 일기와 앞서 언급한 곤도 시로스케가 남긴 회고록에는 한일 합방에 적극적인 역할을 했던 대표적인 친일파 윤덕영, 민병석 등이 고종 독살에 깊숙이 연루돼 있음을 나타내는 내용이 담겨있다. 더 나아가 구라

토미 일기는 고종의 죽음에 '윗선'이 개입돼 있음을 시사하기도 한다. 즉 초대 총독이었던 데라우치와 2대 총독 하세가와를 직접적으로 언급했는데, 데라우치가 하세가와로 하여금 고종에게 무언가를 요구했고 고종이 이를 수락하지 않자 윤덕영, 민병석을 통해 독살을 감행했다는 소문이 있다는 것이다. 데라우치와 하세가와가 요구한 것이 정확히 무엇인지는 밝혀지지 않았지만, 고종이 공식적으로 한일 합방이 잘 된 결정이었음을 인정하고 선포하라는 것으로 추정된다.

이처럼 고종 독살설은 당시 여러 정황과 증언, 자료들을 토대로 기정사실처럼 받아 들여졌다. 다만 직접적인 증거가 없는 만큼 현재에 이것이 정식으로 인정된 것은 아니다. 당시 일본이 고종이 불미스럽게 죽었을 경우 발생할 수 있는 후과後果*를 충분히 감안하고 있었음을 전제하며 독살설은 가능성이 희박한 설說에 불과하다는 반론도 만만치 않게 제기되고 있다. 무엇이 진실이든지 간에 고종의 죽음은 이후 우리나라 역사의 향방에 큰 영향을 미치게 된다.

민족운동의 도화선

고종이 사망한 후 민족의 설움과 분노는 끓어올랐다. 당시

---

* 어떤 사건이나 상황 뒤에 나타나는 좋지 못한 결과

민중들은 순종이 있긴 했지만, 사실상 고종을 마지막 황제라고 생각하고 있었다. 비록 고종에 대한 역사적 평가는 엇갈렸지만, 어쨌든 민족을 대표하는 황제로 인식했던 것이다. 그러한 인물이 갑작스럽게, 그리고 석연치 않게 숨을 거뒀으니 민중들은 쓰라린 마음을 감출 수 없었다. 이는 결국 거국적인 3.1 운동의 도화선導火線이 됐다.

그런데 이 민족 운동은 이전과는 사뭇 다른 성격을 갖고 있었다. 우선 3.1 운동은 이전의 계몽운동, 의병운동, 민중의 생존권 수호투쟁 등 각계 각층의 다양한 운동 경험이 하나로 수렴된 역사상 최대 규모의 민족 운동이었다. 그리고 과거에 일부 의병 운동이 조선 왕정 복위 등을 염두에 둔 복고復古적인 성격을 나타냈다면, 3.1 운동은 복고적인 성격에서 완전히 탈피해 보다 근대적인 '대한 독립'에 무게를 뒀다. 이를 계기로 민중의 민족적 · 계급적 각성이 촉진되기도 했다.

더욱이 이 같은 거국적 민족 운동의 열기는 민주 공화정을 지향하는 '대한민국 임시정부'의 탄생으로 이어졌다. 이는 독립 정신을 집약해 우리 민족이 주권 국민이라는 것을 전 세계에 표방하고, 향후 독립 운동을 효율적으로 발전시키기 위해 조직됐다. 이에 따라 임시정부는 대외적으로는 주권 국민의 대표 기관정부으로, 또한 대내적으로는 독립 운동 통할 기구로서의 역할을 적극 수행하며 '광복'光復의 촉매제가 된다.

[18] 5.16 쿠데타

한국 현대사의 중대 변곡점

: 군정 장기집권의 서막
  박정희, 김종필의 5.16 전말

5.16 쿠데타 직후 서울 시청 앞에 진주한 군 수뇌부. 박정희 소장(가운데)과 차지철 대위
오른쪽), 그리고 박종규 소령(왼쪽) _ 위키피디아

"친애하는 애국동포 여러분, 은인자중隱忍自重하던 군부는 드디어 금조今朝 미명未明을 기해서 일제히 행동을 개시하여 국가의 행정·입법·사법의 삼권三權을 완전히 장악하고 이어 군사혁명위원회를 조직하였습니다...(중략) 부패하고 무능한 현 정권과 기성 정치인들에게 이 이상 더 국가와 민족의 운명을 맡겨둘 수 없다고 단정하고 백척간두百尺竿頭에서 방황하는 조국의 위기를 극복하기 위한 것입니다."_혁명공약 발표中

1961년 5월 16일 새벽, 육군 소장 박정희와 김종필 예비역 중령 등 육군사관학교 8기생들이 중심이 된 일단의 군 병력이 한강대교를 도강해 서울 중심부로 진입, 주요 시설을 장악했다. 그리고 4.19 혁명 이후 각계각층에서 분출한 국민들의 정치·사회적 요구를 제대로 담아내지 못하고 '자중지란自中之亂*에 빠졌던 민주당 장면 정권을 축출逐出**한 후 대한민국의 새로운 권력으로 떠올랐다. 역사는 이를 '5.16 쿠데타'라고 부른다.

5.16 쿠데타에 대한 역사적 평가는 현재 극명하게 나뉜다. 한편에서는 5.16 쿠데타를 헌정질서를 유린하고 민주주의를 훼

* 같은 편 안에서 일어나는 싸움
** 직위나 자리에서 강제로 쫓겨남

손한 사건이며 이후 기나긴 군사독재정권의 암흑기^{暗黑期}를 여는 서막으로 평가하고 있다. 반면, 다른 한편에서는 5.16 쿠데타를 극심한 혼란과 공산주의의 위협으로부터 나라를 구하고 이후 눈부신 경제 발전의 길을 여는 첫 단추로 평가하고 있다. 후자의 관점은 용어에 있어서도 5.16 쿠데타가 아닌 '5.16 혁명'으로 부른다.

다만 역사적 평가는 엇갈려도 5.16 쿠데타가 한국 현대사의 물줄기를 크게 뒤바꾼 정변이었다는 점에는 이견의 여지가 없다. 5.16 쿠데타 이후 박정희 정권의 주도 하에 한국의 정치, 사회, 경제적 상황은 이전과 달라진 모습을 나타낸다. 정치, 사회적으로는 군부 권위주의적인 색채를 띤 보수화 경향이 짙어졌고, 경제적으로는 급속한 성장 일변도의 경향이 두드러졌던 것이다. 이처럼 한국 현대사를 논할 때 가장 첫 손에 꼽히는 정변인 '5.16 쿠데타' 전말을 되돌아봤다.

혁명 후 혼란상

이승만의 자유당 정권이 1960년 4.19 혁명으로 붕괴된 후 우리나라에는 허정 과도정부를 거쳐 민주당의 장면 정권이 들어섰다. 뒤이어 자유당 정권 시절에 억눌렸던 정치·사회적 요구가 곳곳에서 분출하기 시작했다. 특히 대학생들을 중심으로 한 학생 운동이 본격적으로 나타났는데, 여기에서 제시된 화두는 '통일'統一 문제였다. 대표적으로 4.19 혁명 1주년인 1961년에 대학생과 고등학생 대표까지 참여한 민족통일 학생연맹은 '가자 북으로! 오라 남으로!'라는 구호를 내세우며 남북학생회담의 개최를 주장하기도 했다. 또한 노동조합 결성 등 노동 운동도 본격적으로 수면 위로 떠올랐고, 이는 추후 좌파 성향의 사회 운동으로 나아갔다.

이러한 과도기過渡期 속에서 장면 정권은 대처에 골머리를 앓게 된다. 당초 장면 정권은 권위적이고 억압적이었던 자유당 정권과 차별화를 하려 했다. 하지만 이 시기 장면 정권은 자유당 정권과 크게 다를 바 없는 대처를 선택했다. 학생 운동 및 노동 운동 등에서 나온 요구들을 받아들이지 않고, 반공법 및 데모규제법을 앞세워 국가보안 체제를 강화하려고 했던 것이다. 물론 당시 정치·사회적 요구들이 일부 급진적인 성격도 띄고 있었던 만큼 장면 정권의 대처는 어느 정도 불가피한 측면도 있었다. 그러나 이 같은 대처는 결과적으로 더 큰 반발과 혼란을 불러왔다.

아울러 민주당 내부 분열의 심화는 혼란상을 더욱 가중시켰다. 당시 민주당 내에서는 장면을 중심으로 한 신新파와 윤보선, 김도연 등을 중심으로 한 구舊파가 정치 권력을 놓고 끊임없이 대립하고 있었다. 참고로 신파는 학자와 법조인 출신이 많았고 상대적으로 진보적인 성향을 띈 반면 구파는 부유층이 많았고 비교적 보수적인 성향을 띄었다. 현재 우리나라 정치 체제의 핵심은 대통령 중심제이지만, 당시에는 의원내각제였다. 이에 따라 정치 권력의 핵심인 국무총리를 차지하기 위한 투쟁이 신파와 구파 사이에 벌어졌다.

대통령에 선출된 윤보선은 국무총리로 구파였던 김도연을 지명했지만, 국회의 인준認准을 얻는데 실패했다. 이후 신파였던 장면이 국회의 인준을 얻어 국무총리가 됐다. 장면은 내각을 구성하려 했지만 구파는 협조를 거부했고, 결국 신파 위주로 내각이 구성됐다. 이에 구파는 반발, 신민당新民黨을 창당하며 떨어져 나갔다. 분당이 된 후 국회 의석 구조는 민주당 134석, 신민당 60석이었다. 4.19 혁명 직후인 1960년 7월 29일에 실시된 제5대 국회의원 선거 이후 압도적인 다수 의석을 기반으로 했던 민주당 정권은 안정적인 국정 운영을 하지 못하고 끊임없는 권력 투쟁 및 내부 분열 등에 시달리며 쇠퇴의 늪으로 빠져들고 있었다.

쿠데타 움직임

군부는 한국전쟁 이후 반공反共을 의식한 미국의 지원 등으로 급격히 성장해 있었다. 주요 군 간부들은 미국 등에서 체계적인 교육을 받아 엘리트 집단화 됐고, 이승만 정권 하에서 군부는 어느 정도 정치화하는 모습도 보였다. 이와 함께 군부 내 인사 적체 및 부정부패가 심화하기도 했다.

그런데 4.19 혁명 후 정치·사회적 혼란과 더불어 군부에서도 심상치 않은 움직임이 나타나기 시작했다. 이는 박정희 당시 육군본부 작전참모부장과 김종필, 김형욱, 길재호 등 육군사관학교 8기생들 주도의 정군운동整軍運動으로 표면화됐다. 정군운동의 명분은 군부 내에서도 자행됐던 3.15 부정선거의 잔재와 각종 부정부패를 뿌리 뽑아야 한다는 것이었다. 아울러 정군운동의 이면에는 승승장구하는 선배 군인들과 달리 승진 등에서 지지부진했던 후배 군인들의 불만도 작용했다. 이들은 송요찬 육군참모총장 퇴진 요구 등이 담긴 정군 연판장連判狀을 군부 내에 돌렸고, 정군 운동을 비판하는 군부 인사들의 성명을 대놓고 성토하기도 했다. 그 결과 정군운동은 송요찬 총장 및 백선엽 대장, 그리고 일부 중장과 소장의 퇴진을 이끌어내는 등 부분적으로 성공하는 모습을 보였다.

그러나 더 이상의 성과를 거두지는 못했다. 정군운동 주도 세력들은 당시 현석호 국방부 장관을 찾아가 더 강력한 정군운동 추진을 건의하려 했지만 만나지도 못했고, 최영희 연합참모총장현재 합참의장 집무실에 몰려가 자진 사퇴를 요구하기도 했지만 되레 역풍을 맞았다. 장면 정권과 군 수뇌부는 이들의 행동을 군의 지휘계통을 무시하는 '하극상'下剋上*으로 규정했고, 이

---

* 계급이나 신분이 낮은 사람이 부당한 방법으로 윗사람을 찍어 누르거나 없앰

후 강력한 탄압이 뒤따랐다. 더욱이 군부의 안정을 원했던 미국도 정군운동이 확산되는 것을 경계하는 모습을 보였다. 결국 정군운동 주도 세력들은 대거 '징계위원회'에 회부돼 김종필, 석정선 등 핵심 인물들이 군복을 벗게 됐다. 정군파의 리더 격이었던 박정희도 강제 예편豫編을 당할 위기에 처했지만, 오랜 기간 친분을 쌓아온 장도영 당시 육군참모총장의 도움으로 대구 2군 부사령관으로 좌천됨으로써 군에서 간신히 생존할 수 있었다.

이처럼 상황이 뜻대로 돌아가지 않자 정군운동 주도 세력들은 보다 과감하면서도 위험한 계획을 모색하기 시작했다. 바로 민주당 장면 정권을 축출하기 위한 '쿠데타'였다. 이들은 1960년 9월에 서울 명동에 위치한 요정인 '충무장'에 모여 쿠데타를 결의충무장 결의했고, 이후 각자의 직책과 인맥을 총동원해 쿠데타 세력을 규합해 나갔다. 정군파의 쿠데타 계획의 핵심은 장면 정권의 '비둘기 작전'을 역이용하는 것이었다. 비둘기 작전은 장면 정권이 드높아진 사회 운동의 열기를 물리력을 동원해 제압하기 위해 수립한 작전을 말한다. 정군파는 비둘기 작전이 시행되면 시위 진압을 명분으로 자연스레 서울 요충지들을 점령한 후 권력을 장악하려고 했다. 이에 따라 정군파는 시위 진압에 동원될 서울 근교 부대의 장교들을 집중적으로 포섭해 나갔고, 그 결과 국방부, 육군본부, 육군 제1공수단, 육군 제

33사단, 제34사단 등의 장교들을 대거 끌어들이는데 성공했다.

한편, 정군파의 쿠데타 모의와 별도로 해병대에서도 쿠데타 모의가 진행되고 있었다. 이를 주도한 것은 해군 준장이자 해병 제1여단장이었던 김윤근이었다. 정군파는 해병대의 단독 쿠데타 모의 소식을 접하고 이들을 포섭하기 위해 노력했다. 특히 박정희는 자신의 신경군관학교^{만주국 육군군관학교} 인맥을 적극 활용했는데, 당시 해병대에 막강한 영향력을 행사하고 있던 신경군관학교 1기 출신인 김동하를 고리로 김윤근^{신경군관학교 6기}과 접촉해 함께 쿠데타를 결행하기로 뜻을 모았다.

5.16 쿠데타

군부 내에서 쿠데타 움직임이 가속화될 즈음 1961년 정치권 등에서는 이른바 '3, 4월 위기설'이 계속 흘러나오고 있었다. 군부 내 정보기관과 주한미군은 정군파의 쿠데타 모의를 사전에 어느 정도 감지하고 있었던 것으로 보인다. 특히 박정희의 존재는 장면의 귀에까지 들어왔다. 박정희는 이미 남조선노동당^{남로당} 전력 등으로 정보기관의 주요 감시 대상이기도 했다. 이에 장면과 현석호 등은 몇 차례에 걸쳐 장도영을 불러 박정희와 군부 내 쿠데타 움직임에 대해 캐물었다. 그런데 장도영은 쿠데타 움직임을 인지하고 있었음에도 "박정희는 그럴 위인이 아니다"라는 거짓 보고를 올리며 안심시켰다. 이 때 장도영은 정군파에게 포섭됐거나 아니면 이도 저도 아닌 기회주의적인 위치에 머무르려 했던 것으로 보인다.

정군파는 쿠데타 세력 규합을 완료한 후 구체적인 쿠데타 거사일을 검토하기 시작했다. 앞서 언급한 대로 정군파는 장면 정권의 '비둘기 작전'을 역이용하기로 계획한 만큼 혁명 1주기 시위가 예상되는 1961년 4월 19일을 거사일로 잡았다. 쿠데타가 용이하게 진행되게 하기 위해 시위가 보다 급진적인 방향으로 흘러가게 만들기 위한 공작도 꾸몄다. 하지만, 정군파가 예상했던 것과 달리 4월 19일에 별다른 시위가 일어나지 않았다. 이에 정군파는 거사일을 그해 5월 12일로 다시 잡았다. 그런데 이 계획도 군부 내 정보기관에 감지돼 취소됐고, 결국 5월 16일이 최종적인 거사일로 확정됐다.

이처럼 우여곡절 끝에 운명의 날이 밝았다. 총 3600명이 동원된 쿠데타 군은 당일 새벽에 작전을 개시했다. 선봉에 선 것은 김윤근이 지휘하는 해병 제1여단이었다. 뒤이어 박치옥 대령이 지휘하는 공수부대가 출동해 해병대와 합류, 서울 중심부로 진입하는 통로인 한강대교로 진격했다. 아울러 제6군단 4개 포병대는 육군본부를 향해 진격했다. 한강대교에 도착한 해병대와 공수부대는 그곳을 방어하고 있던 헌병 제7중대와 맞닥뜨렸다. 헌병대가 통과를 순순히 허락하지 않자 쿠데타 군이 선제 공격을 가하면서 양측 사이에 교전이 벌어졌다. 숫자와 기세 면에서 우세했던 쿠데타 군은 헌병대를 가볍게 제압했고, 서울 중심부로 진입하는데 성공했다. 육군본부를 향해 진격했던 제6군단 포병대도 목표 달성에 성공했다. 이후 쿠데타 군은 부대를 효율적으로 나눠 서울 요충지들을 점령해 나가기 시작했다. 우선 쿠데타 군의 주력 부대는 서울시청, 해병대는 치안국과 서울시 경찰국, 공수부대는 중앙 방송국 및 장면 숙소인 반도호텔 등을 각각 점령했다.

그런데 이 당시 쿠데타 진압을 진두지휘해야 했던 장면과 윤보선 등은 제대로 된 대처를 하지 못해 쿠데타 성공의 빌미를 제공했다. 장면은 쿠데타 소식을 접하자 미 대사관 및 대사관 숙소로 몸을 피하려 했고, 여기서 신원불상자라는 이유로 거절되자 혜화동의 깔멜수녀원으로 피신했다. 장면은 수녀원에서 미국에게 쿠데타 무력 진압을 요청했지만, 미국은 장면 정권이 알아서 처리하라는 식의 애매한 반응을 보였다. 윤보선은 1군 사령관이었던 이한림이 쿠데타 진압을 강하게 주장하자 서울 시내에서 아군끼리 내전內戰이 벌어질 수도 있다는 등의 이유를 들며 반대했다. 추후 윤보선은 박정희 등과 만난 자리에서 "올 것이 왔다"는 의아한 말을 남기기도 했다.

전세는 점차 쿠데타 군에게 유리해졌다. 별다른 저항이 일어나지 않는 사이 쿠데타 군은 서울 전역과 부산, 광주, 대전 등 지방의 주요 도시들을 장악했다. 마침내 새벽 5시 쿠데타 군은 '군사혁명위원회' 조직 및 행정·입법·사법 3권의 통합 장악, 그리고 김종필 주도의 6개 항으로 구성된 '혁명 공약'을 방송을 통해 발표하기에 이른다. 혁명 공약의 주요 내용들을 보면 반공체제 강화, 미국 등 우방과의 유대 공고화, 사회 부패 일소 및 청신한 기풍 진작, 국가자주경제재건 총력, 통일을 위해 공산주의에 대항할 수 있는 실력 배양, 혁명 과업 성취 후 양심적 정치인에 정권 이양 등이 있었다. 아울러 막강한 권력을 행사하게 될 군사혁명위원회의 위원장은 장도영이 맡게 됐다. 이후 군사혁명위원회는 '국가재건최고회의'로 명칭이 변경된다. 이 때 박정희는 부의장을 맡으면서 서서히 권력의 정점에 나아갈 채비를 한다.

한편, 장면은 쿠데타가 일어난 지 이틀이 지난 후에야 수녀원에서 나왔고, 서울 중앙청으로 이동해 임시각의를 주재한 뒤 내각 총사퇴 결의 및 군사혁명위원회에 정권 이양 등을 발표했다. 쿠데타 발생 직후 애매한 태도를 보였던 미국도 쿠데타 및 군정軍政을 공식적으로 인정했다. 이로써 4.19 혁명으로 탄생한 장면 정권은 이렇다 할 업적을 내놓지 못한 채 출범 9개월 만에 무너졌다.

군사정권 출현

5.16 쿠데타 이후 정국의 무게추는 국가재건최고회의와 그

정점에 있는 두 사람에게로 쏠렸다. 앞서 언급한 대로 국가재건최고회의는 행정, 입법 등을 장악한 초법적인 기구였고, 의장은 장도영, 부의장은 박정희였다. 특히 장도영은 이미 육군참모총장을 맡고 있는 상태에서 임시정부의 내각 수반과 국방부 장관까지 차지하면서 겉으로 보기에 군부와 정부를 완벽히 장악한 듯이 보였다. 그러나 장도영은 쿠데타 발생 21일 만에 국방부 장관에서 해임됐고, 이로부터 한 달 뒤에는 국가재건최고회의 의장에서도 물러나게 된다. 이후에는 중앙정보부에 의해 '반혁명 내란음모 혐의'로 기소되면서 완전히 몰락했다. 기실 쿠데타 직후부터 실권자는 박정희와 김종필 등이었고, 장도영은 잠시 이용할 만한 허수아비에 불과했던 것이다.

반혁명 사건 이후 박정희는 공식적으로 최고 권력의 자리에 올라섰다. 그리고 박정희를 중심으로 한 5.16 주체 세력은 반공법, 정치활동정화법 제정 및 사회악 일소 등을 내세우며 본격적으로 정치·사회 변혁에 착수했다. 이를 통해 부정한 공직자와 조직폭력배 등을 대거 몰아내면서 한 때 국민들의 높은 지지를 받기도 했다. 이처럼 정치·사회의 변혁이 나타나는 가운데 5.16 주체 세력은 김종필을 초대 부장으로 하는 국내 최초의 정보기관인 '중앙정보부'를 창설하기도 했다. 이후 중앙정보부는 각종 정보정치 및 공작정치를 펼치며 박정희 정권의 장기집권을 든든하게 뒷받침했다. 아울러 이 시기에 5.16 주체 세력은 장면 정권에서 설계한 초안 등을 기반으로 수출 주도 산업화 등 경제개발 계획도 본격적으로 추진하려고 했다.

하지만, 시간이 갈수록 5.16 주체 세력이 당초 약속했던 '민정 이양'民政 移讓을 요구하는 목소리도 커져 갔다. 미국도 이 같은 요구를 적극적으로 했다. 박정희와 5.16 주체 세력은 처음부터 민정 이양을 할 마음은 없었던 것으로 보이고 일부 군 지휘관들의 의견을 수용해 '군정 4년 연장안'을 국민투표에 부치려고도 했지만, 전방위적인 압력으로 인해 결국 민정 이양 계획을 발표했다. 우선 국민투표를 통해 헌법을 개정해 대통령제로 권력 구조를 바꾸고, 선거 제도는 제1공화국의 직접선거제로 하기로 했다. 이를 기반으로 1963년 10월 15일에 제5대 대통령 선거를 실시하기로 확정했다.

그런데 민정 이양 분위기가 무르익어감에도 불구하고 박정희와 5.16 주체 세력은 순순히 물러서려 하지 않았다. 박정희는 군인으로 돌아가겠다는 약속을 번복하고 민정에 참여할 의사를 밝혔다. 이에 앞서 박정희의 든든한 우군이었던 중앙정보부는 이미 물불을 가리지 않고 박정희의 대통령 선거 출마를 위한 사전 준비 작업에 착수한 상태였다. 특히 중앙정보부는 증권 파동, 워커힐 사건, 새나라 자동차 사건, 파친코 사건 등 극히 부정한 방법이 동원된 4대 의혹 사건을 일으키면서 까지 박정희의 정당인 민주공화당 창당 자금 마련에 나섰다. 이후 박정희와 5.16 주체 세력은 공화당을 창당했고, 박정희는 육군대장으로 예편한 후 대통령 선거에 출마했다.

　박정희는 1963년 10월 대통령 선거에서 자립, 자조, 민족 등 민족적 민주주의를 주창하며 당시 윤보선 민정당 후보와 맞붙었다. 선거 결과는 박정희의 15만표 차 신승 辛勝이었다. 그해 12월 17일에 박정희가 제5대 대통령으로 취임하며 제3공화국이 출범했고, 이후 박정희, 전두환, 노태우로 이어지는 32년 간의 군사정권 시대가 열리게 된다.

박정희 장기집권의 종식

: 대통령을 시해한 궁정동 총성
  김재규의 10.26 사태 전말

10.26 사태 현장 검증 모습 _ 한국학중앙연구원

김재규 "나라가 잘못되면 다 죽는다. 각오는 돼 있겠지?"

박선호 "예. 각오가 돼 있습니다."

김재규 "지금 여기에 육군참모총장과 중앙정보부 제2차장보도 와 있다. 거사가 끝나면 참모총장을 데리고 남산으로 가서 군을 장악한다."

박선호 "각하도 포함됩니까?"

김재규 "그래. 오늘 해치운다."

박선호 "오늘은 경호원들이 너무 많습니다. 다음으로 미루시죠."

김재규 "안 돼. 보안이 샌다. 똑똑한 놈으로 두세 명만 준비시켜."

_ 영화『남산의 부장들』中

1979년. 유신체제維新體制*가 지속되던 그해 10월 26일에 베일에 가려져 있던 궁정동이라는 장소에서 여러 발의 총성이 울렸다. 이 총성으로 인해 오랜 기간 권좌權座에 있었던 박정희 대통령과 차지철 경호실장이 사망했다. 총성을 가한 당사자는 놀랍게도 박정희 정권의 한 축을 담당했던 김재규 중앙정보부장이었다. 이에 따라 18년 동안 장기집권해 왔던 박정희 정권

---

* 대통령에게 강력한 통치권을 부여하는 권위주의 통치체제

의 운명도 역사의 뒤안길로 사라지게 됐다. '10.26 사태'였다.

10.26 사태가 발생하기 이전부터 박정희 정권의 몰락을 암시하는 파열음은 곳곳에서 나타났다. 대내적으로는 민주화 운동과 야당의 투쟁이 절정에 이르렀고, 대외적으로는 전통적인 우방이었던 미국과의 갈등이 심화되고 있었다. 또한 과거에 정권의 핵심에 있었던 인물이 등을 돌려 공격하면서 박정희 정권은 국제적으로 곤혹스러운 처지에 빠지기도 했고, 중앙정보부와 경호실 양대 권력 기관 수장 간 갈등이 위험 수준으로 치달았다.

이 모든 파열음 안에서 배태胚胎*되기 시작한 10.26 사태를 바라보는 시선은 5.16 쿠데타 만큼이나 크게 엇갈린다. 한 편에서는 민주주의에 대한 남다른 의식을 갖고 있던 김재규가 장기간 지속된 독재를 비로소 종식시킨 민주화 '의거'義擧라고 높이 평가한다. 반면, 다른 한 편에서는 경호실장 차지철과의 내부 권력다툼에서 밀린 중정부장 김재규가 우발적, 충동적으로 일으킨 내란 목적성 범행에 불과하다고 평가절하한다. 이 같은 10.26 사태의 원인 해석과 가치평가 논란은 지금도 현재진행형이다. 역사를 크게 뒤흔든 궁정동에서의 총성, 10.26 사태 전말을 되돌아봤다.

---

* 어떤 현상이나 사물이 발생하거나 일어날 원인을 속으로 가짐을 비유적으로 이르는 말

정권 말기 현상: 김영삼 제명과 부마 항쟁

1979년 8월, 가발 수출회사인 YH무역에서 근로조건 및 처우 개선 등을 요구하던 여성 노동자 187명이 신민당 당사로 모여들었다. 한없이 약자였던 여성 노동자들은 야당의 정치적 도움 및 여론의 도움을 얻으려 했다. 자칫 정치적으로 부담스러울 수도 있는 상황임에도 불구하고, 당시 대표적인 민주화 운동가이자 야권 지도자였던 김영삼 신민당 총재는 이들과 면담을 갖고 신민당 당사 안에서 함께 투쟁할 것을 약속했다. 이 때 김영삼은 여성 노동자들에게 "성경에 나옵니다. '너희는 결코 두려워 말라 나의 의로운 손으로 너희를 붙들리라.' 걱정 마세요. 대한민국 역사에서 공권력이 야당 당사를 습격한 적이 없습니다. 나도 있고 국회의원 30명이 여기 여러분과 함께 있습니다"라고 말했다.

하지만, 박정희 정권은 대규모 경찰 병력을 투입해 여성 노동자들의 신민당 농성을 무력으로 진압하려 했다. 이에 김영삼과 신민당 소속 국회의원 및 당직자들은 스크럼을 짜서 경찰의 당사 진입을 기필코 막아내겠다는 결연한 의지를 내비쳤다. 더욱이 김영삼은 신민당 당사 주변에서 경찰청 정보과, 보안과 형사들을 발견하면 멱살을 잡고 뺨을 때렸고, 심지어 진압작전을 지휘하는 마포경찰서장을 만나서도 "너희들이 저 여공들을 다 죽일 셈이냐"라고 외치며 뺨을 때렸다. 가히 '김영삼다운' 행동이었다. 그러나 농성 3일 째 되는 새벽 2시에 2000여명에 달하는 경찰 병력이 진압 작전을 개시, 신민당 당사 안으로 밀고 들어갔다. 이들은 무자비한 폭력을 행사하며 수많은 여성 노동자들을 강제연행했다. 이 와중에 건물 옥상에서 여성 노동자 김경숙이 추락해 사망하는 일이 발생했다. 당시 경찰은 김경숙이 투신 자살했다는 거짓 발표를 했다. 뒤늦게 김경숙 사망 소식을 접한 김영삼은 "이 암흑적인 정치, 살인정치를 자행한 이 정권은 머지않아 반드시 무너질 것이다. 무너지는 방식도 비참하게 무너질 것이라고 내 예언해두는 바이다"라고 포효했다.

더 나아가 김영삼은 YH무역 사건 직후 미국 『뉴욕타임즈』와 기자회견도 갖는다. 그는 이 회견에서 박정희 정권에 대한 미국의 직접적인 제어와 지지 철회를 강하게 요구했다. 회견의 파급력은 상당했다. 하지만 이는 김영삼을 제거하는데 혈안이 된 박정희 정권에게 유용한 빌미를 제공했다. 박정희 정권과 여당인 민주공화당, 유신정우회는 김영삼의 기자회견 발언을 '사대주의'로 규정했고, 국회에서 김영삼에 대한 징계동의안 제출 및 국회의원직 제명을 추진했다. 신민당 의원들이 이를 저지하기 위해 국회 본회의장을 점거했지만, 여당은 경찰력을 동원해 김영삼 제명안을 단독으로 날치기 처리했다.

신민당과 민주통일당 의원들은 의원직 총사퇴를 결의했고,

김영삼의 정치적 고향인 부산 및 마산에서도 거센 반발 움직임이 나타났다. 결국 해당 지역 대학생들을 중심으로 '부마항쟁'이 일어났다. 시위에 참가한 대학생 및 일반 시민들은 김영삼에 대한 탄압 중단과 유신독재 타도를 외쳤다. 날이 갈수록 시위 규모는 걷잡을 수 없이 확대됐고, 일부 지역에서는 치안 부재 상태가 나타나기도 했다. 현지에 급파된 중앙정보부 요원들을 통해 시위의 심각성을 전해 들은 박정희 정권은 고심 끝에 강경진압에 나섰다. 부산에 비상계엄령을 선포한 뒤 공수부대를 투입, 1058명을 연행하고 66명을 군사재판에 회부했으며, 마산 및 창원 일원에는 위수령을 발동해 505명을 연행하고 59명을 군사재판에 회부했다. 비록 강경진압으로 인해 부마항쟁은 누그러지는 듯했지만, 결과적으로 이는 박정희 정권 몰락의 결정적 단초가 됐다.

정권 말기 현상: 韓-美 갈등

1977년, 미국의 제39대 대통령으로 지미 카터가 취임했다. '도덕 정치'와 '인권 외교'를 표방한 카터 행정부는 이전 행정부와 달리 박정희 정권 18년 장기집권에 대한 노골적인 반감을 드러냈다. 유신헌법의 전면적인 수정과 한국의 민주화를 요구하며 박정희 정권에 대한 압박 강도를 갈수록 높여갔다. 반면 카터 행정부는 민주화를 요구하는 한국의 학생 운동 및 김영삼 등 야당 지도자들에 대해서는 직간접적인 지지를 표명하는 모습을 보였다. 하지만 박정희 정권은 유신독재 체제를 포기할 생각이 없었고, 되레 민주화 운동에 대한 탄압의 수위를 높여 갈 뿐이었다.

더 나아가 카터 행정부는 '주한미군 철수' 카드를 본격적으로 꺼내 들기도 했다. 북한의 침략에 맞설 수 있는 든든한 뒷배였던 주한미군을 철수시킨다는 것은 박정희 정권의 가장 민감한 부위를 대놓고 건드리는 것이었다. 카터 행정부가 실제로 주한미군 철수를 의도한 것인지는 확실하지 않지만, 적어도 이 카드를 통해 박정희 정권의 근본적인 노선 변화를 유도하려 한 것은 확실해 보인다. 그러나 이 상황에서도 박정희 정권은 쉽사리 물러서려 하지 않았고, 오히려 독자적인 핵무기 개발이라는 초강경 카드를 검토해 나갔다.

이후 1979년에 카터가 한국을 직접 방문하는 일이 있었다. 기실 이 방한訪韓은 미군 철수 문제와는 별도로 카터가 한미연합사 창설 때 한미 양국의 협력 방안을 함께 모색하고 싶다는 뜻을 박정희에게 전달해 성사된 것이었다. 하지만, 이 때 두 사람 및 한·미 행정부 간 갈등이 얼마나 심각한 지가 여실히 드러났다. 우선 카터는 박정희 정권이 제공한 영빈관 숙소를 거부하고 김포공항에 내리자마자 미 해병대 헬기를 타고 동두천의 미군 기지로 이동해 여장을 풀었다. 그리고 다음날 카터는 국회 연설에서 '인권, 민주주의'라는 용어를 여러 번 강조하며 옆 좌석에서 이를 지켜보던 박정희의 심기를 대놓고 자극했다.

직후 청와대에서 정상회담이 열렸다. 그런데 이 때는 박정희가 반격하는 모양새를 나타냈다. 박정희는 사전에 미국으로부터 주한미군 철수 문제를 거론하지 말아 달라는 부탁을 받았지만, 이에 아랑곳하지 않고 철수의 부당성을 강조하는 연설을 무려 45분간이나 했다. 세계 최강 미국 대통령 앞에서 한국 대통령이 '안보 강연'을 한 것이나 다름 없었다. 이 연설이 진행되는 내내 카터의 표정은 노기怒氣로 가득했고, 회담장 분위기는 급격히 냉각되며 살얼음판을 걷는 것 같았다고 전해진다. 추후 카터는 사석에서 이 당시 정상회담을 "그동안 동맹국 지도자들과 가진 회담 가운데 가장 불쾌한 회담"이었다고 회고했다. 이처럼 박정희 정권 말기에는 한국과 미국의 관계가 그 유례를 찾아볼 수 없을 만큼 악화 일로를 걸었다.

정권 말기 현상: 김형욱 사건

김형욱은 역대 중앙정보부장들 가운데 최장수 부장이었다. 1963년부터 69년까지 무려 6년 이상을 중정부장으로 있으면서 민주화 운동 및 정치적 반대파들을 극심하게 탄압했고, '남산돈까스'라는 악명을 떨쳤다. 심각한 국제 문제로까지 비화됐던 '동백림 간첩단 사건'과 3선 개헌 반대파들을 숙청할 목적으로 일으킨 '국민복지회 사건', 그리고 사상초유의 '사법살인'으로 불리는 '인민혁명당 사건'은 김형욱이 주도한 대표적인 탄압 사례였다. 민주화를 열망했던 사람들에게 김형욱은 공포와 증오의 대상이었지만, 대체로 강경책을 선호했던 박정희에게 김형욱은 효과적인 쓰임새를 갖고 있는 심복心腹으로 여겨졌다.

그런데 박정희의 신임을 한 몸에 받는 것처럼 보였던 김형욱은 1969년을 기점으로 내리막길을 걷게 된다. 당시 박정희가 원했던 '3선 개헌안' 찬성의 선행 조건으로서, 김형욱에 대한 중정부장 해임 요구가 여당인 민주공화당에서 강하게 제기됐다. 과격한 언행으로 인해 김형욱은 여야 가릴 것 없이 도처에 적이 많았던 만큼 시간이 갈수록 불리해졌고, 결국 박정희는 김형욱을 중정부장에서 해임하기에 이른다. 이후 김형욱은 잠시 민주공화당 국회의원으로 활동했지만, 1972년 유신 선포 후에는 의원직마저 박탈당하게 된다.

일련의 사건으로 권력의 중심부에서 완전히 멀어지면서, 김형욱은 자신이 사실상 토사구팽兎死狗烹*을 당했다고 생각했다. 박정희에 대한 충성과 정권 유지를 위해 궂은일을 도맡아 했는데, 결국 비참한 말로를 맞게 됐다고 느낀 것이다. 이렇게 박정희에 대한 원망을 쌓아가던 김형욱은 중정부장 시절 최

---

* 필요할 때는 쓰고, 필요 없을 때는 버리는 경우를 이르는 말

측근이었던 문학림과 함께 타이완으로 출국, 이후 미국 뉴욕에 머무르게 된다. 사실상의 도피였다. 박정희는 김형욱을 돌아오게 하기 위해 김종필, 정일권 등 고위급 인사들을 보내 설득을 이어갔지만, 모두 허사였다.

그런데 문제는 1977년에 발생했다. 미국 정가를 발칵 뒤집어 놓은 '박동선 코리아 게이트 사건'이 터진 후 김형욱은 미국 프레이저 청문회에 출석해 박정희 정권의 부정부패와 비리 등을 적나라하게 폭로했다. 여기에 더해 박정희의 은밀한 사생활을 담은 회고록을 일본에서 출간하기도 했다. 일종의 복수였던 셈이다. 이에 따라 박정희 정권은 국제적인 망신을 당하며 궁지에 몰렸고, 김형욱은 다시는 돌아올 수 없는 강을 건너게 됐다.

초조해진 박정희 정권은 급기야 김형욱 제거 작전에 돌입했다. 제거에 나선 주체가 김재규의 중정인지 아니면 차지철의 경호실인지 논란이 분분한 가운데 1979년 10월 김형욱은 한국에서 급파된 정체불명의 공작원들에 의해 프랑스 파리에서 납치된 뒤 행방이 묘연해졌다. 현재까지도 김형욱이 언제 어디서 최후를 맞았는지 확인된 바는 없고, 표본적 미제未濟* 사건 가운데 하나로 남아있다.

---

* 처리하는 일이 아직 끝나지 않음

중정-경호실, 김재규-차지철 갈등

민주화 이후 정부들에서 대표적인 권력 기관이라고 하면 대개 검찰과 경찰을 꼽는다. 그러나 박정희 정권 하에서 대표적인 권력 기관을 꼽으라면 중앙정보부와 청와대 경호실을 들 수 있다. 당시 검찰과 경찰도 표면적으로 권력 기관으로 존재했지만, 사실상 중정과 경호실이 최고 권력 기관으로서의 역할을 수행했던 것이다. 이들 기관은 박정희 정권 장기 집권의 든든한 버팀목으로서 기능했다.

그런데 양대 권력 기관이다 보니 중정과 경호실 수장 간에 갈등 및 신경전도 극심했다. 과거 이후락 중정부장과 박종규 경호실장 간 숨은 알력도 있었지만, 박정희 정권 말기 김재규 중정부장과 차지철 경호실장 간의 갈등에 비할 바는 아니었다. 김재규는 육군 중장 출신으로 보안사령관, 건설부 장관, 중정부장 등 박정희 정권 시절 요직을 두루 거쳤다. 차지철은 육군 중령 출신으로 국회의원으로 적지 않게 활동하다 경호실장까지 지내게 된다.

이 두 사람은 박정희 정권 말기 각종 사안에 있어 사사건건 대립했다. 민주화 운동 및 야당 대응, 김형욱 사건 대응 등에 있어서 두 사람은 항상 노선이 엇갈렸던 것이다. 김재규는 대체로 온건파에 속했지만, 차지철은 언제나 강경파에 속했다. 그리고 김재규는 사안 해결방안을 논할 때 박정희의 심기에 거슬리는 말도 곧잘 했지만, 차지철은 박정희의 심기에 부합하는 말만 했다. 초반 김재규의 말을 귀담아 듣는 듯했던 박정희는 후반으로 갈수록 김재규를 멀리하고 차지철에게 힘을 실었다. 그러면서 박정희 정권의 노선은 더욱 강경한 방향으로 흘러갔고, 김재규는 권력 구도에서 점차 소외됐다.

김재규와 차지철의 극심한 갈등은 두 사람의 근본적인 신념 및 기질 차이, 그리고 양대 권력 기관 수장으로서 가질 수밖에 없는 속성에서 비롯된 것이었다. 하지만, 이는 10.26 사태라는 파국을 초래하는 결정적인 원인으로 작용했다.

10.26 사태

1979년 10월 26일의 그날은 비교적 맑았다. 박정희는 KBS 당진 송신소 개소식과 삽교천 방조제 준공식에 참석한 후 김재규 중앙정보부장, 차지철 경호실장, 김계원 비서실장을 궁정동 안가로 불러 연회를 할 예정이었다. 행사장으로 이동하는 헬기에 자리가 부족하다는 이유로 두 행사에 참석하지 못한 김재규는 박선호 의전과장 등을 통해 연회를 준비했다. 가수 심수봉과 모델 심재순이 연회에 섭외됐다. 그런데, 이들 외에 김재규는 뜻밖의 인물들도 섭외했다. 바로 정승화 육군참모총장과 김정섭 중앙정보부 제2차장보였다. 추후 김재규는 법정에서 국가의 실병력을 장악하고 있는 정승화 총장의 힘을 사전에 포섭해 놓기 위해 궁정동으로 불렀다는 취지의 진술을 했다. 정승화와 김정섭은 궁정동 '가'동으로 들어가 식사하며 김재규를 기다렸다. 그들 역시 곧 불어닥칠 역사의 소용돌이를 전혀 예상하지 못하고 있었다.

그날 오후 6시, 박정희와 차지철, 김재규와 김계원은 연회장이 마련된 궁정동 '나'동으로 들어갔다. 이들은 곧 전통 한국식 만찬 교자상 앞에서 술을 겸한 저녁 식사를 했다. 국가의 최고 권력자들이 모여있는 식사 자리인 만큼, 정치 현안과 관련된 얘기가 나오지 않을 수 없었다. 그러면서 초반에 다소 양호했던 분위기는 금세 어두워졌다. 특히 박정희는 김재규의 중정이 부마항쟁 등 시민들의 민주화 운동과 야당의 투쟁에 강경하게 대처하지 못하고 있다고 질타했다. 여기에 차지철까지 나서 김재규와 중정의 온건한 대처 방식을 공격했다. 급기야 박정희는 시민들에 대한 '발포' 가능성도 언급했고, 차지철은 캄보디아를 반면교사로 삼아 "반항하는 자들은 탱크로 눌러버려야 한다"는 험악한 말도 서슴지 않았다.

박정희와 차지철의 방식에 동의하지 않았던 김재규는 끓어오르는 반감을 간신히 억누르고 있었다. 저녁 7시 30분경, 그는 잠시 밖으로 나가 중정부장 수행비서 박흥주 대령과 박선호 의전과장을 호출했다. 그리고 나서 박정희, 차지철에 대한 암살과 경호원 제거 계획을 알렸다. 박흥주와 박선호는 처음에는 당황했고 만류하려 했지만, 오랜 기간 따랐던 상관 김재규의 계획과 지시를 끝내 거부하지 못했다. 김재규는 이것을 '혁명'이라고 강조했다. 이 때 부하들에게 주어진 준비 시간은 상당히 짧았음에도 불구하고 거사 준비는 신속하고 은밀하게 진행됐다.

이후 김재규는 다시 연회장으로 돌아왔다. 심각한 상태의 김재규와 달리 박정희와 차지철, 김계원 등은 조만간 벌어질 엄청난 일들을 전혀 예상하지 못하고 그저 연회를 만끽하고 있었다. 7시 41분경, 심재순이 한창 노래를 부르는 와중에 김재규는 별안간 박정희에게 "각하, 정치를 좀 대국적으로 하십시오"라고 소리쳤다. 그리고 이내 권총을 뽑아 "버러지같은 놈"이라고 외치며 차지철에게 총탄을 발사했다. 김재규가 쏜 총탄은 차지철의 오른쪽 손목을 관통했다. 연회장은 아수라장이 됐고 박정희는 김재규에게 "뭐 하는 짓이야"라고 소리쳤다. 김재규는 이에 아랑곳하지 않고 박정희의 가슴을 향해 두 번째 총탄을 발사했다. 박정희는 많은 피를 흘리며 쓰러졌는데, 이 때 입은 상처는 박정희의 직접적인 사인死因이 됐다. 김재규는 차지철에게 추가적인 총격을 가해 완전히 제거하려 했지만, 갑자기 궁정동 전체의 불이 꺼져 버렸고 이 틈을 타 차지철은 연회장 옆 화장실로 도망쳤다.

한편, 김재규가 총을 쏜 직후 궁정동 나동 식당 앞 승용차

안에서 대기하고 있던 박흥주와 그 부하들인 유성옥, 이기주 등은 식당으로 달려가 청와대 경호원들에게 무차별 총격을 가했다. 같은 시각 박선호는 궁정동 나동 대기실에서 정인형 청와대 경호처장과 안재송 경호부처장에게 권총을 겨누고 있었다. 정인형과 해병대 동기로서 절친한 사이였던 박선호는 "다 같이 살자"고 호소했지만, 안재송이 저항하려 하자 두 사람 모두에게 방아쇠를 당기고 말았다. 이로써 김재규의 중정 요원들은 차지철의 경호원들을 모두 제압하는데 성공했다. 불이 꺼져 연회장 밖으로 나왔던 김재규는 급히 새로운 총을 찾았고, 박선호는 김재규에게 달려가 권총을 전달했다. 김재규는 이를 받아 들고 다시 연회장으로 달려 들어가 숨어있던 차지철과 혼수상태에 빠져있는 박정희를 사살했다. 이 때만 해도 김재규의 거사는 기대한 것 이상으로 대성공을 거둔 셈이었다.

김재규는 거사 직후 정승화 총장을 데리고 남산의 중앙정보부로 향했다. 그는 남산으로 이동하는 차 안에서 정승화에게 엄지손가락으로 박정희의 죽음을 알렸다. 그런데 차가 중정으로 향하던 도중 김재규는 정승화의 의견을 수용해 육군본부로 방향을 틀었다. 김재규에게 있어 중정이 후속 조치를 취하기 용이한 장소였던 만큼, 그가 갑자기 육본으로 '운명의 유턴'을 한 것은 아직까지도 의문으로 남아있다. 이후 육본에서 열린 긴급 국무회의에서 김재규는 대통령의 유고有故*를 발표했고,

최규하 국무총리와 국무위원들에게 즉각적인 계엄령 선포를 요구하며 주도권을 잡으려 했다. 하지만, 김재규가 간과하고 있었던 사람이 있었으니 바로 사건 현장에 함께 있었던 비서실장 김계원이었다. 김계원은 김재규와 중정 요원들의 눈을 피해 정승화를 몰래 찾아가 사건 당시 김재규의 행동을 밀고密告했다. 비로소 사태의 전모를 알게 된 정승화는 휘하 군인들을 급파해 김재규를 긴급 체포했다. 체포된 김재규는 보안사 서빙고 분실로 끌려가 혹독한 고문과 수사를 받게 된다. 김재규의 거사가 결국 실패로 끝나는 순간이었다.

사태 이후

10.26 사태 이후 우리나라에는 일정 부분 변화가 찾아왔다. 최규하 과도정부가 수립된 후 유신헌법이 폐기됐고, 억압적이었던 사회 분위기도 다소 완화되는 모습이 나타났다. 그러나 이 사태로 완전한 민주화가 도래하지는 않았다. 10.26 사태로 인해 대통령, 중정부장, 경호실장이라는 최고 권력자들이 일제히 사라지자 권력 공백 상황이 발생했고, 이 틈을 타 전두환 등이 중심이 된 신군부가 '12.12 쿠데타'를 통해 권력을 잡았다. 군부 권위주의 체제가 연장된 것이다.

---

* 특별한 사정이나 사고가 있음

한편, 10.26 사태의 주모자인 김재규는 추후 법정에서 이 땅의 민주주의를 위해 '야수의 심정'으로 유신의 심장^{박정희}에 총을 쐈다고 주장했다. 그가 사형 판결 직전 법정에서 행한 최후 진술은 이 같은 주장이 그저 허언(虛言)이 아니라는 핵심 근거로 부각되곤 했다. 이에 따라 일부 시민사회 단체를 중심으로 10.26 사태를 민주화 의거로, 김재규를 민주화 투사로 인정하자는 주장이 지속적으로 제기되고 있다.

그러나 다른 한편에서는 10.26 사태가 사전에 치밀하게 계획된 것이 아니었던 만큼, 김재규가 차지철과의 권력 다툼에서 밀려 우발적, 충동적으로 범행을 저지른 것에 불과하다는 주장도 강하게 제기되고 있다. 아울러 박정희 정권과 갈등을 겪던 미국이 김재규에게 박정희 암살을 암암리에 사주한 것이라는 주장이 나오기도 한다. 김재규는 내란 목적 살인죄와 내란 수괴 미수, 내란중요임무 종사 미수죄 등이 적용돼 교수형을 선고 받은 후 10.26사태가 발생한 다음 해인 1980년 5월 24일 형장의 이슬로 사라졌다.

어둠이 내려앉다

: 군부 독재의 불필요한 연장
  전두환의 신군부 쿠데타 전말

당시 신문에 실린 12 · 12 이틀 후인 1979년 12월 14일 서울보안사령부 구내에서 기념촬영 모습 _ 위키백과

"전두환이가 불순한 장난을 치고 있는 것 같다"
_이건영 3군 사령관^{중장}

1979년 12월 12일, 일단의 군인들이 중심이 된 쿠데타가 18년 만에 또 다시 발생했다.

전두환 보안사령관과 노태우 9사단장을 필두로 한 신군부 세력은 당시 계엄사령관이던 정승화 육군참모총장을 강제 연행해가는 패륜적 하극상을 자행한다. 이어 수도권 일부 병력과 전방 부대 병력이 전두환과 신군부의 이름으로 평양 주석궁이 아닌 서울의 국방부와 육군본부로 물밀듯이 진격해 들어온다.

12월 12일의 그 날 밤. '참 군인'들은 몰락하고, 육사 11기를 중심으로 한 '하나회' 정치군인들이 득세하게 된다. 이 나라에서 민주주의에 대한 희망은 또 다시 사라지고, 군부 독재가 불필요하게 연장되는 어둠이 내려앉은 것이다.

사건의 발단

10.26 사건으로 18년 동안 장기집권을 했던 박정희 정권이 무너졌다. 이를 계기로 정치범 석방 등 사회를 옥죄던 유신체제의 억압이 완화되면서 국가에는 변화의 바람이 불어오는 듯했다.

군부 내에서도 변화 움직임이 있었다. 무엇보다 당시 육군

찬모총장이자 계엄사령관이던 정승화 총장대장은 박정희 정권 시절 군부 내 사조직을 만들고 정치 행위를 일삼던 군인들을 좌천시키려는 계획을 갖고 있었다.

정 총장이 겨냥한 군인들은 다름 아닌 전두환 보안사령관소장 등 육군사관학교 11기가 중심이 된 '하나회' 멤버들이었다.

이들은 '구舊군부'를 의식해 박정희 대통령이 의도적으로 키운 '신新군부'였다. 박 대통령의 비호 아래 전두환 등은 승승장구했다. 하지만 10.26 사건으로 든든한 뒷배경은 사라지게 됐다.

정 총장은 사건 직후 우선 군부 내 요직에 충실한 군인들로 정평이 난 인물들을 앉히며 지휘 계통을 개편해 나갔다. 장태완 수도경비사령관, 정병주 특전사령관, 윤성민 참모차장 등이 대표적이다.

아울러 당시 노재현 국방부 장관을 만나 군 인사 문제를 논의했다. 이 자리에서 정 총장은 문제가 되는 신군부의 핵심적인 인물들을 지방으로 좌천시켜야 한다고 건의했다.

노 장관은 즉답을 피하고 좀 더 시간을 두고 고민해 보자고 답한 것으로 알려졌다. 이에 따라 정 총장이 당초 계획했던 즉각적인 인사 조치는 이뤄지지 않았다. 그렇게 시간이 흘러가고 보안은 새면서, 전두환에게도 정 총장의 계획이 보고되기에 이르렀다.

하극상의 시작, 정승화 총장 강제연행

당시 전두환은 박 대통령을 시해한 김재규 중앙정보부장 등을 수사하는 '합동수사본부장'이었다. 나라를 뒤흔든 사건에 대한 수사의 책임자였던 만큼, 막강한 권력을 갖고 있었던 셈이다.

10.26 사건에 대한 수사를 한창 진행하던 중 정 총장의 인사 기밀을 접한 전두환은 자신의 최측근인 허화평 보안사 비서실장, 허삼수 보안사 인사처장, 이학봉 보안사 대공처장 등을 불러모았다. 이 자리에서 전두환 등은 10.26 사건에 있어 정 총장의 '혐의점'을 발견한 후 강제 연행할 계획을 세웠다.

그 혐의점이란 10.26 사건 당시 정 총장이 사건 현장에 있었고, 김재규의 '내란' 행위를 방조했다는 것이다. 또한 정 총장이 김재규로부터 거액의 돈을 받았다는 확인되지 않은 혐의도 추가했다.

이후 전두환은 정 총장 연행 및 추후 행동과 관련한 구체적인 계획을 모의하기 위해 11월 중순 노태우 9사단장, 유학성 국방부군수차관보, 황영시 1군단장, 차규헌 수도군단장 등을 만났고, 최종적으로 12월 12일을 거사일로 정했다. 아울러 박희도 1공수여단장, 박준병 20사단장, 최세창 3공수여단장, 장기오 5공수여단장 등과도 사전 접촉했다.

비로소 '쿠데타' 계획이 정식으로 수립됐고, 실제 거사가 벌어지면 이들이 지휘하는 부대는 국방부 및 육군본부의 명령이 아닌 전두환의 명령에 의해 일사분란하게 움직일 것이었다.

운명의 날인 12월 12일 저녁. 허삼수·우경윤 등 보안사 수사관과 수도경비사령부 33헌병대 병력 50명은 정 총장이 머물고 있는 한남동 육군참모총장 공관에 기습적으로 난입했다.

이들은 공관을 지키고 있던 경비원들을 총격을 가해 제압했고, 정 총장에게도 기관총을 들이대며 보안사 서빙고 분실로 강제 연행했다.

이들이 당시 현장에서 밝혔던 정 총장 연행 이유는 김재규로부터 돈을 많이 받았으니 이와 관련해 총장의 직접적인 증언이 있어야 한다는 것이었다. 증언은 공관이 아닌 자신들이 준비한 별도의 장소_{보안사 서빙고 분실}에서 해야 한다고 첨언했다.

정 총장이 최규하 대통령_{당시 권한 대행}이 지시한 것이냐고 묻자 이들은 "재가가 있었다"고 답했다. 정 총장은 이를 믿지 않았고 대통령에게 확인 전화를 하려는 찰나에 강제로 체포, 연행됐다. 물론 정 총장 연행과 관련한 대통령의 사전 재가는 없었다.

대통령 재가 거부와 장태완의 포효

같은 시각, 전두환은 직접 최규하 대통령을 만나 정 총장 연행에 대한 재가를 요구했다. 자신의 '직속상관'에게 물리적 강제력을 행사하는 중대한 일인 만큼, 대통령의 사전 재가는 반드시 필요한 것이었다.

전두환이 대통령에게 밝힌 정 총장 연행 이유는 10.26 사건 방조 및 새로운 혐의점돈을 받은 것 등 발견이었다.

하지만, 최 대통령은 이를 재가하지 않았다. 그는 시종일관 국방부 장관을 만나 논의를 해봐야 한다고 주장했다. 이 때 노재현 국방부 장관은 정 총장 강제연행시 육군참모총장 공관에서 발생한 총격전 소리에 놀라 급히 몸을 피한 상태였다.

대통령의 계속된 거부로 인해 전두환은 사전 재가를 받는 것을 포기하고, 쿠데타를 지휘하는 장소인 경복궁 30경비단으로 돌아갔다. 그곳엔 노태우, 유학성, 황영시, 장세동 등 쿠데타를 함께 실행하는 인물들이 모여있었다.

전두환 등이 추후 대책에 대해 논의하던 중 갑자기 한통의 전화가 걸려왔다. 정 총장이 중용했던 장태완 수경사령관이었다. 앞서 전두환 세력은 정 총장 연행 직전에 정 총장의 최측근들인 장태완, 정병주, 김진기 등을 연희동 요정 연회로 유인해 묶어 놓았다.

장태완은 이들에게 정 총장을 즉각 원상복귀시키라고 강하게 요구했다. 유학성 등이 장태완에게 경복궁으로 와서 함께 하자며 거듭 회유하자 장태완은 "너거들한테 선전포고다 임마. 난 죽기로 결심한 놈이야"라고 포효했다.

상내완의 이 같은 모습은 아직까지도 '참 군인'의 표본으로 회자되고 있다.

보안사의 감청공작

장태완의 강경한 태도에 전두환 등의 대응도 빨라졌다. 느긋하게 있다가는 장태완의 전차 부대가 밀고 들어와 포문을 열 것이라는 위기감이 증폭돼 있었다. 전두환은 박희도 1공수여단장에게 육군본부와 국방부를 무력으로 장악할 것을 명령했다. 1공수여단이 출동하자 장태완은 박희모 30사단장에게 연락해 1공수여단의 진입로인 행주대교를 봉쇄할 것을 요구했다.

그러나 이 지점에서 전두환 보안사령부의 위력이 발휘된다. 보안사는 군의 정보기관이었다. 보안사는 군대 내 통신을 완벽하게 장악하고 있었고, 장태완 등의 통화를 실시간으로 감청, 동향을 속속들이 꿰뚫고 있었다. 또한 각급 부대의 보안사 요원들을 통해 육군본부 등이 동원하려는 부대의 지휘관들을 설득, 부대 동원을 사전에 봉쇄해버렸다.

결국, 보안사의 감청공작으로 1공수여단은 무난하게 행주대교를 통과해 서울로 진입할 수 있었다.

9공수여단, 운명의 회군

전두환은 12.12 쿠데타를 시행하기에 앞서 유사시 어느 부대보다 신속하게 병력을 동원할 수 있는 4개 공수여단 중 1,3,5 공수여단을 쿠데타에 끌어들였다. 하지만 남은 9공수여단은 포섭하지 못했던 만큼, 전두환은 쿠데타 당일 밤 이 부대의 출동을 우려하고 있었다.

마침 감청공작으로 행주대교를 무사 통과했던 박희도의 1공수여단은 육군본부의 집요한 명령으로 원대복귀하게 됐다. 이어 9공수여단의 서울 출동이 이뤄지면서 전두환은 최대 위기를 맞이했다. 박희도는 신속하게 자신의 부대1공수여단로 돌아가 직속상관인 특전사령관의 명령도 무시한 채 원대복귀한 1공수여단을 다시 서울로 출동시켰다. 육군본부 측의 9공수여단과 전두환 측의 1공수여단이 서울에서의 무력 충돌을 앞두고 있는 '폭풍 전야'와 같은 상황이 도래했다.

이런 급박한 상황에서 전두환 측은 결과적으로 자신들에게 승리를 가져다주는 묘안을 육군본부에 제안했다. 그것은 서울에서 내전이 발생할 수 있으니, 각자가 동원한 부대를 동시에 원대복귀시키자는 것이었다. 일종의 신사협정을 제안한 것이었는데, 육군본부는 전두환 측을 믿고 이를 받아들였다. 그러나 이는 거짓 제안이었다.

결국, 9공수여단은 육군본부의 명령으로 회군을 결정했다. 육군본부는 전두환 측의 쿠데타를 진압할 수 있는 가장 확실한 카드를 스스로 거둬들였던 것이다. 반대로 전두환 측의 1공수여단은 다시 행주대교를 지나 서울에 있는 육군본부와 국방부로 빠르게 진입해 들어갔다. 뒤이어 전방에 있던 노태우의 9사단 병력도 중앙청으로 진입했다. 전두환 측의 부대에 대항할 수 있는 병력은 존재하지 않았다.

육군본부와 국방부 등을 장악한 전두환 측은 끝까지 저항 의지를 불태웠던 장태완, 정병주 등을 체포해 서빙고 분실로 끌고 갔다. 이어 행방불명됐었던 노재현 국방부 장관을 찾아내 정 총장 연행에 대한 승인을 얻어냈고, 대통령에게도 사후 재가를 받았다. 그렇게 하룻밤 만에 12.12 쿠데타는 성공적으로 마무리됐다.

쿠데타 이후

쿠데타 직후 전두환을 중심으로 한 신군부 세력은 권력을 장악했다. 최규하 대통령은 허수아비에 불과했고, 일개 별 두 개짜리 소장이었던 전두환이 사실상 최고 권력자로 군림했다. 이후 전두환 측은 비상계엄을 확대하는 '5·17 쿠데타'를 감행하고, 광주 민주화 운동 등을 무력으로 진압하며 마침내 실질적으로 권력의 정점에 올라섰다.

하지만, 쿠데타를 막고자 했던 군인들은 비참한 결과를 맞이했다. 정 총장은 모진 고문을 받은 후 육군참모총장에서 이등병으로 강등됐고 강제로 전역을 당했다. 정 총장과 뜻을 같이 했던 장태완과 정병주 등도 비슷한 운명을 맞았다.

12.12 쿠데타는 그것을 주도했던 전두환, 노태우가 대통령으로 재임한 1980년부터 1993년까지는 정당화됐다. 그러나 김영삼 정부가 출범한 이후에는 '하극상에 의한 쿠데타적 사건'으로 규정됐다. 아울러 '역사 바로 세우기' 차원에서 12.12 쿠데타에 대한 재수사가 이뤄졌고, 전두환과 노태우는 반란수괴 등의 혐의로 구속, 수감됐다.

고려 시대

왕규의 난

고려 2대 왕 혜종의 무덤 _ 한국민족문화대백과

왕건 사후 소용돌이

태조 왕건이 사망한 후 신생 국가 고려는 곧바로 '왕규의 난'이라는 정변의 소용돌이에 휩싸인다. 왕규는 고려 초기 광주廣州의 대호족이었다. 원래는 양근 함씨였지만 개국공신으로 왕씨 성을 하사받았고, 두 딸을 왕건의 제15비, 제16비로 삼았다. 이 가운데 제16비가 아들을 출산했는데 이가 바로 광주원군이다.

정사에 따르면 왕규는 야심이 대단한 것으로 알려졌다. 자신의 딸이 낳은 광주원군을 왕위에 앉히기 위해 한밤에 혜종고려 2대 왕의 침소에 자객을 보내 암살을 시도하기도 했고, 경쟁자 제거 목적으로 혜종에게 왕자들인 왕요훗날 3대 왕 정종와 왕소훗날 4대 왕 광종가 역심을 품고 있다고 보고했다. 그러나 혜종은 암살 시도에서 가까스로 살아남았고, 왕규 및 자신의 동생인 요와 소에게 별다른 문제를 제기하지 않았다.

그런데 945년에 혜종이 석연치 않은 이유로 세상을 떠났다. 뒤를 이어 요가 정종으로 즉위했는데, 왕규는 곧바로 노골적인 야심을 드러내며 반란을 일으켰다. 그는 우선적으로 혜종의 후원자이자 군사적 기반이 있었던 박술희를 처단했다. 그러나 정종은 오래 전부터 왕규를 의심하고 경계했기 때문에, 사전에 서경 수비대장인 왕식렴태조 왕건 사촌동생을 통해 충분한 대비를 해 놨다. 왕식렴은 왕규의 반란 소식을 듣자마자 자신의 군대를 신속히 움직여 개경으로 진입했다. 왕규는 예상보다 빠른 대처에 당혹감을 감추지 못했고, 결국 왕규의 난은 손쉽게 진압됐다. 정종과 왕식렴은 왕규를 붙잡아 갑곶甲串에 귀양 보낸 후 죽였고, 그를 추종하는 세력 약 300명을 처형했다.

의문

그런데 이 사건과 관련해 의문을 제기하는 목소리가 적잖다. 왕규가 반란을 일으킬 만한 인물이 아니었다는 것이다. 이 관점을 지지하는 사람들은 우선 왕규의 군사적 기반이 상당히 약했다는 점을 근거로 든다. 실제로 왕규는 광주를 포함해 경기도 호족들의 추앙을 받고는 있었지만, 군사적으로는 박술희에게 의지하는 형편에 있었던 것으로 전해진다. 이런 인물이 되레 박술희를 처단했다는 것은 앞뒤가 맞지 않는 것으로 보여진다. 아울러 그의 손자인 광주원군은 왕위 계승 서열에서 한참 밀려있어 감히 왕위를 넘볼 수 있는 위치가 아니었다는 이야기도 나온다.

이는 결국 왕규가 아닌 정종과 훗날 광종이 되는 소, 그리고 왕식렴이 왕위 찬탈을 노리고 반란을 일으켰고, 이에 대한 모든 책임을 왕규에게 덮어씌운 것 아니냐는 추정으로까지 발전한다. 왕식렴의 군사적 기반을 보면 알 수 있듯이 오히려 정종 세력의 무력이 혜종을 실질적으로 위협할 만한 수준에 있었다. 이러한 정종의 대권 도전에 있어 최대 정적은 박술희와 왕규였다. 박술희는 혜종의 후원자이자 군사적 기반이 있었고, 왕규는 반란에 반대하는 지방 호족들을 대표하는 인물이었기 때문이다. 이에 따라 정종 세력은 두 사람을 떼어내고 각기 고립시키는 전략을 취했고, 결국 반란에 성공해 혜종 죽음 직후 마치 기다렸다는 듯이 정종이 왕위에 올랐으며 왕규를 자신들의 명분을 위한 희생양으로 삼았다는 것이다. 이러한 관점에 근거해 왕규의 난이 아닌 '왕식렴의 난'이라고도 불린다.

조선 시대

환 국

조선 19대 왕 숙종 _ 한국민족문화대백과

왕권 강화 위한 숙종의 고심

현종제18대왕 때 '예송 논쟁'*을 거치면서 서인과 남인 두 붕당朋黨 간에는 감정의 골이 깊어졌다. 시간이 갈수록 상호간 권력 투쟁이 극심해지면서 붕당 정치는 변질되기 시작했다. 원래는 의리와 이해관계를 중심으로 붕당을 결성, 자신들의 당론을 매개로 국정 주도권을 건전하게 획득해나가는 것이었지만, 점차 자기 당을 위해서만 일하고 좀 더 오래 권력을 차지하기 위해 상대 당의 존재를 아예 부정하는 일이 발생했다. 그러면서 왕권은 약화돼갔다. 숙종제19대왕 대에 이르러서는 이 같은 현상이 더욱 심화됐다.

숙종은 극성스러운 당파들 사이에서 약화된 왕권을 다시 강화하기 위해 고심을 거듭했다. 그러던 차에 당파들의 속성을 자극시키고 경쟁을 유발하며, 수시로 당파 간 권력 교체를 유도해 왕권을 강화해나간다는 발상을 하게 된다. 이러한 정치형태를 '환국'換局이라고 부른다. 여러 당파를 골고루 등용하는 탕평책과는 달리 한 당파에 권력을 몰아줬다가 다른 당파로 권력을 급격하게 교체하는 방식을 통해 당파들이 서로 견제하는 사이 왕권을 강화시키려 했던 것이다.

---

* 인조의 계비인 조대비의 복상 문제를 둘러싸고 서인과 남인 사이에 크게 논란이 된 두 차례의 예법에 관한 논쟁

이러한 숙종의 의도는 어느 정도 맞아떨어졌다. 왕권은 이전에 비해 다소 강화됐다. 하지만 당쟁黨爭은 오히려 더 격화되는 결과를 낳았다. 대표적인 환국으로는 허견의 역모 사건을 계기로 남인을 축출하고 서인을 등용한 경신환국, 장희빈 아들의 원자 책봉 문제로 서인을 쫓아내고 남인을 등용한 기사환국, 인현왕후 복위 운동을 빌미로 다시 서인을 등용한 갑술환국이 있다.

환국

1680년 처음 환국경신환국이 발생했는데, 이에 따라 남인 일파가 서인에 의해 대거 축출됐다. 숙종이 예송논쟁에서 승리해 정권을 잡고 있던 남인을 경계하자 서인들은 이때를 놓치지 않고 남인이 역모를 꾀하고 있다고 보고했다. 서인인 김석주 등의 사주를 받은 정원로가 남인 허견이 복선군, 복창군, 복평군 형제와 함께 역모를 도모하고 있다고 고변한 것이다. 이 사건으로 인해 윤휴를 비롯한 수많은 남인이 처형되거나 파직을 당했다. 이후 서인은 쫓겨난 남인에 대한 처벌 문제를 둘러싸고 강경파인 노론과 온건파인 소론으로 나뉘게 된다.

경신환국으로 축출됐던 남인은 1689년에 원자*를 결정하

---

* 아직 왕세자에 책봉되지 않은 왕의 맏아들

는 문제를 계기로 서인을 몰아내고 다시 집권^{기사환국}했다. 당시 서인노론의 영수였던 송시열은 남인 출신 소의 장씨^{훗날 장희빈}의 아들을 원자로 삼는 것에 결사반대했다. 왕비^{인현왕후}의 소생이 아니라는 것이 이유였다. 그 당시 장희빈에게 빠져있었던 숙종은 대노했고, 송시열을 제주도로 유배 보낸 후 처형했다. 아울러 영의정 김수흥을 비롯한 수많은 노론계 인사들이 파직되거나 유배를 갔다. 이로써 10년 간 집권했던 서인 정권은 몰락하고 남인이 다시 정권을 잡았다.

그런데 시간이 갈수록 숙종은 왕비의 자리에 오른 장희빈에 대한 총애를 거두는 모습을 보였다. 그러면서 폐위된 인현왕후를 생각하기 시작했다. 그러던 차에 서인인 김만중이 숙종의 인현왕후 폐위를 비판하는 내용을 담은 소설 『사씨남정기』를 쓰고 죽었다. 숙종은 이를 읽고 자신이 장희빈에게 눈이 멀어 인현왕후를 대궐 밖으로 쫓아낸 일을 후회했다.

때마침 서인 김춘택이 인현왕후 복위 운동을 벌였는데, 이에 대해 남인 민암 등이 반대하며 김춘택 등을 체포했다. 그러나 숙종은 되레 민암의 행위를 비판함과 더불어 김춘택에게 힘을 실어줬다. 뒤이어 인현왕후를 복위시키고 왕비 장씨를 다시 희빈으로 강등시켰다. 이를 계기로 1694년 서인 세력은 남인에게 대대적인 반격을 가했고, 이후 남인들은 세력을 잃고 대거 몰락했다. ^{갑술환국}

현대사

하나회 숙청

김영삼 대통령과 하나회 출신 장성들

군부 정치 일소 의지

2021년 미얀마구 버마에서 군부 쿠데타가 일어났다. 미얀마의 국민영웅 아웅산 장군의 딸이자 오랜 기간 민주화 투사로 활동했던 '아웅산 수치' 여사를 비롯해 많은 정부 인사들이 구금됐고, 대신 미얀마 총사령관인 민 아웅 흘라잉 장군 등 군부가 권력을 장악했다. 시대착오적인 군부 쿠데타에 대한 국제사회의 비판과 제재가 잇따르고 있지만, 군부와 확실히 결별하지 못하고 어정쩡한 타협을 한 아웅산 수치 정부가 결국 화를 자초했다는 평가가 나온다.

현대 사회에서 '쿠데타'라는 용어는 낯설게 다가온다. 쿠데타의 정의는 국민의 의사와는 관계없이 무력 등의 비합법적인 수단으로 정권을 빼앗으려고 일으키는 정변을 말한다. 쿠데타의 주체는 대개 군부였다. 현재 민주주의 체제를 기반으로 하는 대부분의 선진 국가들에선, 과거처럼 군부가 정치에 개입하는 사례가 거의 없다고 봐도 무방한 상황이다. 우리나라도 선진국 못지않게 민주주의 시스템 및 의식이 정착돼 있어 군부 쿠데타라는 것은 감히 상상도 할 수 없는 것으로 여겨진다.

하지만, 앞서 살펴본 것처럼 우리나라에서도 그리 멀지 않은 과거에 미얀마와 비슷한 시대가 있었다. 쿠데타로 집권한 박정희·전두환 정권 시절, 군부 쿠데타라는 것은 국민들에게 낯설지 않은 용어로 존재했다. "어디서 쿵 소리가 나면 '또 누가 쿠데타를 했구나'라는 생각이 가장 먼저 들었다"라는 말이 나올 정도로 엄혹한 시대였다. 나아가 군부는 한국 정치의 중심에 위치했고 국가의 모든 대소사를 통제했다.

그런데 이러한 시대를 뛰어넘어 지금과 같은 시대를 맞이하기까지. 과거 '하나회 숙청'이라는 사건이 주효하게 작용했다. 이는 하나회로 대변되는 군부 정치를 일소하고 문민 통제를 확고히 정착시키겠다는 김영삼 대통령의 오래된 의지가 반영된 것이었다. 매우 과감하고 신속하게 단행된 하나회 숙청으로 우리나라는 정치군인들의 쿠데타 위협에서 해방될 수 있었다.

취임 3달만에 별 40개 날아가

1993년 2월, 박정희, 전두환, 노태우로 이어졌던 군부 출신 대통령의 시대가 끝나고 문민 정부의 시대가 열렸다. 다만, 대통령만 바뀌었을 뿐 이전 정권의 요체를 이뤘던 하나회 중심의 군부 세력은 그 자리를 그대로 유지하고 있었다.

3월 초, 김영삼 대통령은 육군사관학교육사 졸업식에서 의미심장한 연설을 했다. "임무에 충실한 군인이 조국으로부터 받는 찬사는 그 어떤 훈장보다도 값진 것입니다. 그러나 올바른 길을 걸어온 대다수 군인에게 당연히 돌아가야 할 영예가 상처를 입었던 불행한 시절이 있었습니다. 나는 이 잘못된 것을 다시 제자리에 돌려놓아야 한다고 믿습니다."

돌이켜보면 일종의 '서막'이었던 셈이다. 이후 김 대통령은 당시 권영해 국방부 장관을 비밀리에 청와대로 불러 조찬을 함께 했다. 조찬 도중 김 대통령은 권 장관에게 군인들이 그만 둘때 사표를 제출하는지를 물었다. 권 장관은 군인들은 사표가 없어도 대통령 명령에 복종한다고 답했다. 그러자 김 대통령은 불쑥 한 마디를 꺼냈다.

"김진영 육군참모총장을 바꿔야겠다."

하나회 핵심 육사 17기이던 김 총장을 교체하겠다는 기습적인 말에 권 장관은 당황하며 "지금 육참총장을 교체하면 대규모 후속 연쇄인사가 불가피하다. 정기인사 때 교체하는 것이 좋겠다"고 답했다. 그러자 김 대통령은 "아니다. 육군참모총장, 기무사령관을 지금 즉시 바꾸겠다. 후임자도 바로 보임되고 취임식도 준비하게 될 것"이라고 말했다. 당시 김진영 총장과 서완수 기무사령관의 임기는 한참 남아있었다. 5공화국 탄생의 일등공신들이자 이전 정권 내내 군부의 대못으로 남아있던 인물들을 김 대통령은 단번에 뽑아버린 것이다.

그러나 이는 시작에 불과했다. 1993년 4월, 당시 백승도 대령이 육사 20기~36기 하나회 125명의 명단을 용산구 군인 아파트에 뿌리는 일이 발생했다. 이것이 언론에 대대적으로 보도되면서 하나회의 깊은 뿌리가 백일하에 드러났다. 비단 장성들만이 아닌 하나회 소속 영관급 장교들까지 전부 수면위로 올라왔다. 이 사건이 또 하나의 기폭제가 됐고, 직후 김 대통령은 안병호 수방사령관과 김형선 특전사령관을 전격 경질한 후 교체했다.

불과 6일 뒤에는 1, 3야전군사령관과 제2작전사령관이 교체됐다. 일주일 뒤에는 대대적인 군단장·사단장급 인사까지 단행해 군 주요 보직에서 하나회 출신 장군들이 거의 다 물러나게 됐다. 기세등등하던 하나회 별들이 미처 반격할 틈을 갖지 못한 채 마치 유성쇼 하듯 떨어져 나갔다. 김 대통령 취임 3달 만에 장군 18명이 옷을 벗었고, 떨어진 별이 40개가 넘었다. 워낙 떨어진 별이 많고 새로 별을 다는 장군들도 많다 보니 계급장에 사용할 별이 부족해 국방부 간부들의 군복에서 별을 떼네 임시로 사용하는 웃지 못 할 상황도 벌어졌다.

2차 숙청, 하나회 역사의 뒤안길로

취임 초기에 단행된 전격적인 1차 숙청 이후 2차 숙청은 그해 7월에 단행됐다. 발단은 합참 장성들이 모인 한 회식 자리였다. 하나회 소속이던 합참 작전부장 이충석 소장육사 21기이 물컵으로 탁자를 몇 차례 내려치면서 "군을 이런 식으로 막 해도 돼? 선배들 입장을 이해하지 못하는 건 아니지만 그래도 이게 뭐냔 말이야. 소신도 없고, 다 죽었어. 정부가 장군들을 함부로 대하니까 외부에서도 제멋대로 군을 매도하잖아. 이래도 되느냐 말이야"라고 격한 불만을 쏟아냈다.

김 대통령과 비하나회로 구성된 군 수뇌부는 이를 군통수권자에 대한 '중대한 도전'으로 받아들였다. 즉각적인 조치가 이뤄졌다. 김 대통령은 문제의 발언을 한 이충석 장군을 보직 해임과 동시에 강제 전역시켰고, 쿠데타 가능성 등을 감안해 일부러 건들지 않았던 나머지 하나회 출신 장성들도 모조리 강제 전역시켰다. 더 나아가 전군에서 하나회 출신 영관, 위관급 장교들을 색출하라는 지시까지 떨어졌고, 이들 역시 이렇다 할 저항 한번 해보지 못하고 군을 떠나게 됐다. 대대적인 숙청 이후에도 한 때 하나회에 잠깐이라도 몸을 담았던 군인들은 계급을 떠나 하나회라는 이유만으로 진급과 직위에서 계속 배척을 당했고, 결국 하나회는 과거의 위세와 권력을 완전히 잃고 역사의 뒤안길로 사라지게 됐다.

● 정변 연대기

정 변	연 대	시 기
연개소문 정변	642년	고구려 영류태왕 24년
태조왕건 정변	918년	−
이자겸의 난	1126년	고려 인종 4년
묘청의 난	1135년	인종 13년
무신정변	1170년	의종 24년
공민왕 피살	1374년	공민왕 23년
위화도 회군	1388년	우왕 14년
무인정사	1398년	조선 태조 7년
조사의의 난	1402년	태종 2년
계유정난	1453년	단종 1년
중종반정	1506년	연산군 13년
인조반정	1623년	광해군 15년
정조 사망	1800년	정조 24년
갑신정변	1884년	고종 21년
동학농민혁명	1894년	고종 31년
을미사변	1895년	고종 32년
고종 사망	1919년	−
5 · 16 쿠데타	1961년	−
10 · 26 사태	1979년	−
12 · 12 쿠데타	1979년	−

● 참고 문헌

· 삼국사기 _김부식

· 조선상고사 _신채호

· 고려사

· 조선사연구초 _신채호

· 고려사절요

· 조선왕조실록
  (태조실록, 태종실록, 정조실록, 연산군일기, 세조실록, 중종실록, 인조실록 등)

· 한중록 _혜경궁 홍씨

· 삼봉집 _정도전

· 여유당전서 _정약용

· 한국 통사 _박은식

· 에조 보고서

· 윤치호 일기

· 구라토미 일기

· 리더라면 정조처럼 _김준혁

· 남산의 부장들 _김충식

"대체로 정변은 서민들에겐 혼란의 기억이요, 정치세도가들에
겐 실패의 역사로 전해지곤 한다. 그러나 이 책은 정변을 더 나
은 내일을 위한 다양한 사람들의 노력으로 서술하고 있다. 그
것이 실패했든 성공했든 역사에서는 혼란을 통해 성장이 이뤄
지고 아픔을 딛고 더 나은 내일이 만들어졌다. 서문에서 非역
사학자의 역사책 출판에 대해 걱정을 내비치던 저자의 겸손함
이 무색하게, 또 하나의 훌륭한 역사교육 교재가 완성됐다. 이
책이 이 땅의 기억을 이어나갈 아들딸들에게 좋은 이정표가 되
리라 기대해본다."

_윤창현 국회의원(국민의힘, 비례대표)

"아버지가 딸에게 이야기해주듯 편하고 흥미롭게 역사를 풀어
나간다. 딱딱한 암기과목이라는 인식에서 벗어나 역사에 친숙
함을 느끼고 재미를 붙이고 싶은 분들이라면 누구든 이 책을 읽
어보길 추천한다."

_이정문 국회의원(더불어민주당, 충남 천안시 병)

"642년 '연개소문 정변'부터 1979년 '12.12 쿠데타'까지 1300여 년 정변의 역사가 20차례에 걸쳐 파노라마처럼 펼쳐지면서, 딱딱하게 느껴질 수 있는 역사가 흥미진진한 이야기로 다가온다. 역사도 참 재미있는 분야라는 것을 이 책을 통해 알 수 있었다. 평소에 역사에 관심 있었던 분들 뿐만 아니라, 포스트 코로나와 같은 시대의 정변을 준비해야 하는 기업인과 대학생에게 꼭 추천하고 싶은 책이다."

_정도진 중앙대학교 경영학부 교수

"대변혁의 한 가운데에 선 우리는 치열하게 고민하며 새로운 미래를 열어가고 있다. 역사의 흐름을 뒤바꾼 정변을 흥미롭게 그려낸 이 책에서, 그 답을 찾을 수 있지 않을까. 역사의 거울로 비추어본 지혜와 통찰력은 더 나은 내일로 가는데 도움을 줄 것이라 믿는다."

_조봉현 IBK경제연구소장(부행장)

"먼 옛날 역사는 이야기로 세대를 거쳐 구전되었을 것이다. 아이들과 학생들에게 들려주고 싶은 역사 이야기라기에 읽어보았다. 정변의 생생한 장면들이 펼쳐지면서 읽는 내내 가슴을 요동치게 하고 많은 생각을 하게 만드는 책이다."

_한동환 KB경영연구소장(부사장)

세상 모든 지식과 경험은 책이 될 수 있습니다.

책은 가장 좋은 기록 매체이자 정보의 가치를 높이는 효과적인 도구입니다.

갈라북스는 다양한 생각과 정보가 담긴 여러분의 소중한 원고와 아이디어를 기다립니다.

– 출간 분야: 경제 · 경영/ 인문 · 사회 / 자기계발

– 원고 접수: galabooks@naver.com